本书是教育部人文社科青年基金项目《中国环境邻避运动的法律规制研究》的最终成果，项目编号：14YJC820050。

ZHONGGUO HUANJING LINBI YUNDONG DE
FALÜ GUIZHI YANJIU

中国环境邻避运动的法律规制研究

王 惠◎著

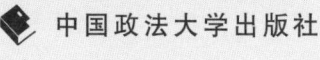

中国政法大学出版社

2020·北京

本书是山东政法学院"金融风险法律防控"青年科研创新团队成果。

本书是山东政法学院"新旧动能转换法治保障"研究团队和"三大攻坚战法治保障"研究团队成果。

前 言
PREFACE

近年来，随着民众对环境问题关注度的提升，以及宜居程度对房产价值影响的增大，很多建设项目在落地过程中打破了原有的平衡，引发的环境群体性事件日趋增多，这其中又以环境邻避事件最为典型。我国近年来环境邻避事件的多发，根源在于当地居民对邻避设施项目本身风险的担忧，设施选址给周围居民带来的不确定风险因素，加之环境诉求中往往夹杂搬迁、补偿金难达成一致等利益纠葛，致使民众产生的担忧和焦虑得以发酵，再通过新旧媒体的放大，引发了多起像2007年厦门PX事件、2016年连云港核废料处理抗议事件等邻避事件。这些既在考验着政府部门化解邻避型群体性事件的治理能力，也对此类课题的研究探索提出了更高的要求。

总体上，从法律角度要从以下三个层面予以考虑：一是从预警角度，强化程序性立法的进展。环境邻避设施从选址到建成经过了规划、环评等诸多程序，在这些步骤中，尤其需要强化项目选址、民意沟通渠道的立法跟进，厘清政府和企业在项目信息公开中的种类和边界，让民众有表达的合法渠道。二是强化现有邻避设施的示范性。对于已知的容易引发邻避冲突的项目设施，例如垃圾焚烧项目，应当注重示范项目建设，让民众有机会深入企业参观调研，并以此作为公众教育和正面宣传的切入点，逐步减轻公众认知上的焦虑。如果某一行业的已建项目经常因为污染、泄漏、爆炸窜上新闻热点，那么从根源上必将引发更大范围的邻避冲突。这有赖于完善污染控制标准、检测方法标准；强制企业环境信息公开；环境执法到位等事后监管的改善。三是在司法层面，以公益诉讼和私益诉讼为依托，对邻避补偿机制进行法治化探索。目前，由于缺乏法律规定，使得邻避项目中的环境诉求经常与拆迁、不动产价值减损等财产诉求混同。也有部分地方政府和企业从不主动向设施选址地民众提出经济补偿或者其他福利待遇问题，而在周边民众进行抗议时，经济补偿有了，福利待遇也有了，这种"会哭的孩子有糖吃"的现象，也在某种程度上鼓励着项目周边民众的"积极抗争"。

基于上述考虑，本书分为以下五个部分进行了研究分析：(1) 我国运用法律手段解决环境邻避冲突的现有路径分析，总结了其必要性及可行性；(2) 我国应对环境邻避冲突的法律实施状况，包括总结了资源化回收制度、环评制度、稳评体系、环境信息公开制度、公众参与制度、环境听证制度、环境执法等层面实施的现状和问题；(3) 从案例入手进行"中国式邻避治理"模式下的邻避困境分析与前景预期；(4) 分析美国、日本、法国、英国、新加坡等国处理邻避冲突的方式，总结域外运用法律手段破解环境邻避冲突困境的典型案例分析和法律应对基本经验；(5) 对中国推进环境邻避运动治理的法治路径提出若干建议。

  由于个人能力所限,本书的不成熟之处在所难免,有待法学界同仁指正,以便笔者今后开展更为专业、更加精细化的研究。

王 惠
2020 年 5 月 16 日

目录
CONTENTS

前　言·001

第一章　我国运用法律手段解决环境邻避冲突的现有路径分析·003
　第一节　学界目前运用法律手段破解环境邻避冲突的研究分析·003
　　一、对环境邻避冲突的具体法律规制路径·003
　　二、对研究中差异性观点的评析·014
　　三、对研究中共识性观点的综合分析·015
　第二节　运用法治手段破解我国环境邻避冲突困境的
　　　　　必要性分析·018
　第三节　运用法治手段破解我国环境邻避冲突的迫切性·025
　　一、立法上还比较缺乏专门性的法律规定·025
　　二、处置邻避冲突过程中，执法方式还是刚性有余，
　　　　柔性不足·027
　　三、司法权还没有有效介入我国环境邻避冲突治理过程·028
　　四、参与主体的参与方式和参与能力还有待提高·030

第二章　我国应对环境邻避冲突的法律实施状况·035
　第一节　从邻避困境视角看我国垃圾分类与资源化回收
　　　　　制度的法律实施·035
　　一、邻避困境视角下我国垃圾分类与资源化回收

　　　　法律制度概况·036

　　　二、邻避困境视角下我国垃圾分类与资源化回收

　　　　法律制度的实施现状·037

　第二节　从邻避困境视角看我国环境信息公开制度的法律实施·039

　　　一、邻避困境与我国的环境信息公开制度·039

　　　二、邻避困境视角下我国环境信息公开法律制度概况·041

　　　三、邻避困境视角下我国环境信息公开法律制度的

　　　　实施现状·042

　第三节　从邻避困境视角看我国环境公众参与法律制度的实施·044

　　　一、邻避困境视角下我国环境公众参与法律制度概况·045

　　　二、邻避困境视角下我国环境公众参与法律制度的

　　　　实施现状·045

　第四节　从邻避困境视角看我国环境听证法律制度的实施·048

　　　一、邻避困境与我国环境听证制度·048

　　　二、邻避困境视角下我国环境听证法律制度概况·049

　　　三、邻避困境视角下我国环境听证法律制度的实施现状·050

　第五节　从邻避困境视角看我国环境执法法律制度的实施·052

　第六节　从邻避困境视角看我国环境影响评价法律制度的实施·057

　第七节　从邻避困境视角看我国构建社会稳定风险评估体系

　　　　的法律实施·061

　第八节　从邻避困境视角看我国环境司法裁判法律制度的实施·066

第三章　"中国式邻避治理"模式下的邻避困境分析与

　　　　前景预期·069

　第一节　从具体真实个案看政府"应急式"邻避应对模式

　　　　及其现实困境（2006年之前）·069

目 录

一、"应急式"邻避应对模式的分析·069

二、环境邻避冲突案例中所面临的主要困境·071

第二节 从真实个案看政府"维稳式"邻避应对模式及其

现实困境（2006—2012年）·081

一、模式分析·081

二、近年应对失败的典型邻避案例分析·084

三、由"中国式邻避应对模式"的现实困境反思我们的

未来破解路径·087

第三节 寻求"共识性"邻避应对模式的前景分析

（2013年至今）·091

一、模式分析·091

二、预期前景的分析·097

第四章 域外运用法律手段破解环境邻避冲突困境的典型

案例和法律应对基本经验·105

第一节 域外运用法律手段破解环境邻避困境的典型案例·105

一、美国"拱心石"石油管道项目等典型案例的分析·106

二、日本废弃物处理设施项目建设等典型案例的分析·112

三、法国破解环境邻避困境等典型案例的分析·117

四、德国破解环境邻避困境等典型案例的分析·121

五、英国破解环境邻避困境等典型案例的分析·123

六、其他国家和地区破解环境邻避困境等典型案例的

分析·125

第二节 域外运用法律手段破解环境邻避困境的基本经验·133

一、主张最大限度的信息公开，注重保障周边民众的

知情权、参与权等权利·133

二、避免损害周边居民利益，积极提供各类福利供给·135

三、所涉邻避企业注重安全生产，让相关的环保监测
设施不再是摆设·138

四、推进垃圾焚烧发电技术升级，变废为宝，提高企业
的社会形象·139

五、修饰美化邻避设施周边环境，努力与居民周边环境
融为一体·141

六、积极培育政府信赖的第三方社会组织，在"个人—
国家"关系中建立缓冲地带·143

七、加强正向宣传引导，普及邻避公共项目科学知识，
消除民众的合理疑虑·145

第五章 中国推进环境邻避运动治理的法治路径·148

一、法治治理模式是我国应对环境邻避运动的必然选择·148

二、从推进城乡垃圾分类与资源化回收角度破解
我国的环境邻避困境·159

三、运用多种灵活形式推进邻避设施旅游项目建设·163

四、规范邻避设施建设与运行的环境信息公开制度，
保障公民的环境知情权·165

五、推进环境影响评价制度改革，禁止可能造成严重
污染的邻避项目上马·169

六、构建科学的社会稳定风险评估体系，从技术角度
做好破解环境邻避困境的预警工作·172

七、完善我国环境邻避设施建设的公众参与和社会
监督法律制度·174

目 录

八、实质化推进我国邻避项目建设中的听证制度实施·179

九、政府应依法加大对环境邻避设施造成污染的处罚
力度·182

十、加快应对环境邻避冲突的行政应急法治建设，保障
处置过程中的公民基本权利·185

十一、依法严厉对因处置邻避型群体性事件不力的官员
进行党政问责·189

十二、企业应依法负责邻避设施的安全运营，构建良好的
项目外部运营环境·193

十三、依法规范环境非政府组织的发展，发挥其促进邻避
项目落地过程中的"减震器"作用·195

十四、保障环境司法裁判机制有效介入，继续发挥我国
特殊的信访调解功能和作用·198

十五、规范新闻媒体对邻避冲突事件的传播报道，依法
保障新闻媒体和网络新媒体的舆论监督权·201

参考文献·205

附　录·211
  中华人民共和国突发事件应对法·211
  住房城乡建设部等部门关于进一步加强城市生活
    垃圾焚烧处理工作的意见·229
  广东省人民代表大会常务委员会关于居民生活垃圾集中
    处理设施选址工作的决定·237

后　记·240

党的十八大以来，人民生活水平进一步提高，伴随着"生态文明"写入《宪法》，人民群众对于居住环境安全和宜居程度的要求不断提升，经济快速发展与生态环境恶化之间的矛盾凸显，各种利益关系交织，进而引发的环境类群体性事件逐年增多，这之中又以环境邻避冲突最为典型。20世纪70年代，美国学者奥黑尔（O'hare）首次提出"邻避现象"概念，后来英国记者利夫齐（Livezey）将其形容为"NIMBY（Not In My Back Yard）"。随着我国一些邻避项目建设的快速推进，在垃圾焚烧厂建设项目、石化建设项目、核电建设项目等领域，均存在不同程度的邻避冲突现象，有的甚至演化为规模程度不等的环境群体性事件。我国近年来环境邻避冲突多发，根源在于邻避设施项目选址给周围居民带来的不确定风险因素，致使民众产生担忧和焦虑，加之群众利益表达渠道不畅，民众合理诉求得不到政府相关部门的明确及时答复。2007年厦门PX事件、2018年北京海淀反对宝山垃圾处理厂建设事件，都是典型代表。这同时也考验着政府部门化解环境邻避冲突的法律治理能力和法治保障水平。

所以，加快构建我国依法科学应对环境邻避事件的法律机制是非常必要的，现实中也有这种迫切的需求。本书拟运用文献分析、规范分析、实证分析、比较研究和综合分析等方法，围绕"识别我国环境邻避事件中涉及的法律问题，研究如何通过法治化保障政府、企业、社会组织、公众就环境邻避项目建设和运行，进行有效沟通及建构相应法律机制"这一中心，同时还从我国环境邻避事件发生的背景和探究公众心理入手，强调运用法律规范处置、民主程序协商、项目信息公开和利益补偿等手段的必要性和现实可行性。事实上，我国环境邻避运动的法律规制不可能是运用单一方法就能做到的，在研究中应注重对多种研究方法的合理搭配和综合运用。在注重从项目周边民众权利保障视角展开分析的同时，更应结合我国当下国情，从有效维护当地法律秩序和正常工作生活秩序的角度，积极构建推进环境邻避冲突治理的法律机制，提高我国依法应对环境邻避冲突的系统性、规范性和有效性。

我国运用法律手段解决环境邻避冲突的现有路径分析

CHAPTER 1 第一章

第一节 学界目前运用法律手段破解环境邻避冲突的研究分析

对于环境邻避冲突的研究，国内学者从不同学科视角进行了探讨，包括风险社会论、社会运动论、环境正义论等，也取得了一定的研究成果。但是，专门从法学视角探讨解决环境邻避冲突的文献并不多，且研究的深度不够。现就国内学者从法学视角寻求解决环境邻避冲突的研究路径予以整合分析，明确目前这方面研究的热点方向和学术维度，以期在原有理论研究基础之上探寻最优的法律解决路径。

一、对环境邻避冲突的具体法律规制路径

国内学者对运用法律手段解决环境邻避冲突的问题，目前仍处于初期阶段，多数研究还只是对国外先进做法的引进与介绍，同时适当进行本土化研究论证。对于环境邻避冲突的法律治理手段，学者们的研究分为两种思路：一是围绕某一种法律路径的构建展开论证；二是从整体法律治理框架内进行研究。

具体法律规制路径方面，则主要从公众参与制度、利益表达机制构建、政府信息公开制度完善、社会风险评估制度和环境类群体性事件应急机制构建几个方面展开探讨。

（一）利益表达机制的构建

利益表达涉及政府与公民之间信息的互动和沟通，在现有法律规定的利益表达渠道基础上，需要结合现代信息技术的发展，创新利益表达的方式、途径和载体；在环境邻避设施建设之初广泛听取周边民众不同意见，让公众真正参与到重大环境邻避项目决策过程中，畅通利益表达渠道，使利益表达渠道制度化、规范化、合理化，提高民众与政府信息交流效率，使行政决策能真实反映基层民众的呼声，使决策更加科学化、民主化。实际上，利益表达机制的构建需要完善诸如公众参与制度、政府信息公开制度、公共决策社会听证制度以及社会舆论监督制度等。

环境类群体性事件的发生根源于相关主体之间存在的利益矛盾，不在于利益表达，但若规范化的利益表达渠道畅通，民众诉求能有效表达且得到积极回应，民众反而不会采取非规范化的表达方式。陈秀梅分析了近些年发生的环境类群体性事件，窥探出目前法律对于群众利益表达机制规定的缺失：一是民众自身对法律规定的利益表达渠道认识不足；二是现有立法对公众利益多样化表达没有统一标准。她认为，预防治理环境邻避群体性事件，需从立法上完善利益表达机制，建立公众利益表达保障机制。一方面需更新立法观念，畅通立法利益表达渠道，完善立法听证制度，实现公众广泛参与立法，避免立法部门的利益化。另一方面需建立宪法司法保护机制，扩大司法救济范围，保护处于弱势地位的公众，尤其是社会弱势群体应有的宪法环境诉讼权利，加强对弱势群体诉讼救济的引导，建立弱势

第一章 我国运用法律手段解决环境邻避冲突的现有路径分析

群体诉讼保险制度。[1]

李巍认为,当前环境邻避事件产生的主要原因在于利益表达机制不畅,不同利益主体对环境邻避项目的风险认识上存在差异,传统行政决策的形成通常由政府牵头,引入专家论证,是一种由上至下的固定程序,决策者更多站在技术和理性价值基础上考量项目推进的可行性,但民众更多是凭借经验和外界舆论信息产生的主观性想法。闭塞性的行政决策机制,公众缺少实质性参与。解决路径包括健全公共协商民主机制[2],在邻避项目规划、社会风险评估以及最终的审定阶段,政府要主动公开项目各项信息,召开协商会议就项目达成共识,充分吸纳民众反馈的意见。健全行政问责体系,细化问责范围、标准、程序,引入公众问责制度,规范政府在环境邻避治理中的行为。[3]

在处理厦门 PX 事件的各个阶段,充分体现了政府与民众之间的利益博弈,这种博弈主导了事件整个过程的发展方向。从起初厦门公众在网络上展开热烈讨论,相关信息迅速扩散,到中期民众为维护自身健康和安全进行上街散步活动,理性地表达诉求,集中展现了公民意识的觉醒和强烈表达的意愿。到后期厦门市政府向社会公众发布评估报告,同时启动公众参与程序,召开座谈会听取意见,最终厦门市政府顺从民意将 PX 项目迁至漳州,这很好地体现了政府和民意表达之间的良性互动,堪称国内处理环境邻避冲突注重官民互动并取得良好效果的典范。

---

[1] 陈秀梅:《冲突与治理:群体性事件的治理与利益表达机制的有效性研究》,中国社会科学出版社 2015 年版,第 150~156 页。

[2] 公共协商民主机制是指强调公众在公共事务中通过对话、讨论、协商、谈判等方式,与政府、社会组织进行平等协商,审视各种相关理由而赋予决策合法性的一种治理形式。

[3] 李巍:"协商民主视阈下邻避冲突的行政法规制",载《西部法学评论》2017 年第 3 期。

杭正芳以垃圾处理厂作为环境邻避项目的研究对象，强调环境、社会、经济等因素对垃圾处理厂区位选择的主导作用，审慎确定垃圾处理厂选址需进行三次筛选程序，包括法律规定、自然条件、规避设施等，在此基础上将候选区域排出优先顺序，再对其地下水污染风险进行评价，最后使用层次分析法确定最适宜区位。垃圾处理区位选择过程中，应畅通公众利益表达渠道，公众参与为政府邻避设施选址决策提供了有效信息参考，一方面消除周边居民对项目建设的困惑和偏见；另一方面通过风险沟通，与民众就邻避项目的区位选择达成共识。政府应提供获取正确信息途径，保障公众知情权。扩大公众参与的范围，确保区位选择程序的公平、透明。[1]

1. 公众参与制度

公众参与制度的构建属于利益表达渠道的具体形式，减少环境邻避冲突的发生，需要将公众参与纳入环境邻避现象治理的整个过程，让政府和民众在平等的基础上充分沟通交流，缓解两者之间的紧张关系，让环境邻避项目决策更加的科学化、民主化。

在环境邻避项目选址和建设决策过程中，很多情况下，受邻避项目影响的周边民众处在被边缘化和被动接受者的一方。任峰认为，民众发动或参与的环境类群体性事件原因在于公众参与度不够，具体表现在：其一，各方利益主体对邻避设施存在风险认知上的偏差，环境邻避项目潜在的风险是尚未发生的且不确定的，正因如此，迫切希望能参与到项目决策中的公众，作为项目决策的被动接受者一方会产生强烈的情绪化抵触意识，导致在项目推行的客观压力之下很难理性地表达诉求。其二，

---

[1] 杭正芳：《邻避设施区位选择与社会影响的理论与实践》，西北大学出版社2014年版，第202~208页。

公民的环境权[1]在邻避项目决策中受到侵害甚至剥夺。其三，环境邻避压制、专断的治理模式。治理环境邻避群体性事件路径与问题相对应，一是要构建新型风险沟通表达方式，形成客观一致的风险认知。事前阶段，政府、专家、企业告知民众项目的风险等级和安全防控的预案，通过有效的沟通交流缓解群众过度担忧和焦虑的情绪。二是形成多样化的公众参与途径，完善利益表达机制，实现公众与政府、企业、专家之间良性沟通。三是构建回应式、参与式的治理模式，让邻避项目决策程序公开透明。[2]

戚建刚、易君也认为，群体性事件多发的原因在于公众参与的缺失，从行政法视角探讨需要完善公众参与制度，增强邻避项目周边居民群体的组织化，促进群众诉求表达的理性化，为公民有序参与奠定良好基础。完善公众利益表达机制，使公众与政府基于平等对话平台上交流。完善行政信息公开制度，涉及邻避项目周边群众切身利益问题的政策信息及时向公众公布。完善环境邻避事件行政问责制度，明确问责主体、厘清问责事由、完善问责程序。[3]

崔浩基于环境公共信托理论来论证公民环境参与权利来源和存在基础，其认为公众环境参与权利是一个程序性权利体系，包括环境知情权、环境立法与决策参与权、环境管理参与权、环境诉讼参与权、环境监督权、环境协助权等具体权利。公众参与制度应贯穿于环境保护立法、决策、执法的整个过程，明

---

[1] 公民环境权是指公民在良好环境中的生存权利，包括环境的知情权、良好环境的参与权、恶化环境的拒绝权、优良环境的享有权等。

[2] 任峰、张婧飞：" 邻避型环境群体性事件的成因及其治理"，载《河北法学》2017年第8期。

[3] 戚建刚、易君：《群体性事件治理中公众有序参与的行政法制度研究》，华中科技大学出版社2014年版，第118~190页。

确公众参与制度在立法过程中的法律地位，使公众参与环境决策制度化、法治化。同时，完善环保非政府组织（NGO）主体制度，发挥其在政府与公众之间交流沟通的中介与桥梁作用，深化环境信息公开制度，拓宽创新环境保护公众参与渠道，完善公众参与环境保护司法保障机制。[1]

王锡锌认为，公众参与模式属于利益表达机制的一种，相关利益主体可在平等的基础上展开协商和辩论，相互做出让步和进行利益权衡，进而达成利益最大化的共识，尽可能降低政府单方决策引发冲突的概率。政府决策之前应将项目信息充分披露，保障公众对关系切身利益信息的知情权益。其将厦门PX事件作为行政决策过程中公众参与的范本，放在相对规范的公众参与框架中进行评估，提出了系统化的公众参与制度体系，包括公众参与的基础性制度、程序性制度和支持性制度。[2]王锡锌还认为，在公众参与行政决策的过程中，应重视公告评论程序、听证会制度、协商咨询等形式所发挥的重要作用，应探讨在城市规划决策和环境影响评估、政府绩效评价活动中引入公众参与制度的问题。[3]

方芗以公众参与的视角对中国核电站项目建设提出了降低风险的建议。一是核电项目选址开发应采取公开透明的方式，事前征求周边居民意见，政府主流媒体应充分报道与核能有关的各种信息，向周边居民进行科学安全防范的普及教育。二是政府要转换角色，监督环境邻避项目的建设和运作，保证居民

---

[1] 崔浩等：《环境保护公众参与研究》，光明日报出版社2013年版，第147~158页。

[2] 王锡锌主编：《公众参与和中国新公共运动的兴起》，中国法制出版社2008年版，第156~162页。

[3] 王锡锌主编：《行政过程中公众参与的制度实践》，中国法制出版社2008年版，第166~175页。

的相关权益。三是搭建相关利益主体共同参与平台，畅通意见反馈渠道。[1]

2. 完善环境信息公开制度

环境邻避项目信息的掌握程度是民众诉求表达的基础和前提，利益表达机制的构建需要政府及时准确地公开环境信息，确保公众是从权威渠道知晓邻避项目客观上存在的风险，保障民众的环境知情权。

任景明认为，立法应对政府和企业发布邻避项目各类信息的义务予以明确，进而保障公众对环境邻避项目信息的知情权。畅通环境保护公众参与渠道，对涉及群众利益的环保规划、决策和项目，要充分听取群众意见，包括环境政策的制定、实施和监督评价的全过程都要纳入公众参与。[2]政府部门在环境邻避决策前期，借助新媒体平台向相关民众进行广泛的科学宣传和教育，使民众真正认同环境邻避设施建设。另外，新媒体也要履行相应的责任和义务，一方面作为政府和民众沟通交流的信息平台，应及时准确公布权威信息，规避虚假信息的扩散。另一方面新媒体应发挥监督的作用，包括现实环境问题以及政府决策行为在内都将是被监督的对象。

(二) 完善利益补偿制度

利益补偿制度是给予受环境邻避项目影响的周边民众一定形式补偿，一方面有益于政府和公众以理性和平等的对话机制展开协商，另一方面是对民众环境权益受损部分的利益填补，消减民众由环境权益受损带来的不公平感。对利益补偿的形式

---

[1] 方芗：《中国核电风险的社会建构：21世纪以来公众对核电事务的参与》，社会科学文献出版社2014年版，第172~176页。

[2] 任景明：《从头越：国家环境保护管理体制顶层设计探索》，中国环境出版社2013年版，第139~142页。

不仅限于单一的金钱形式，应提供便于民众接受的方式或形式予以补偿。对于利益补偿的核算标准应将民众物质和精神要素纳入其中。正确认识经济补偿措施应定位为缓解民众过激的情绪化行为，引导双方在理性层面进行沟通的辅助手段。[1]

(三) 群体性事件的应急法律机制

构建群体性事件的应急法律机制意义在于事前的预防和事中的良好规范化处置，其有利于提升政府处置环境突发邻避事件的应急能力。

戚建刚构建了群体性事件应急机制的三种理论分析模式：一是以群体性事件生命周期为主线，二是以行政应急权力行使过程为主线，三是以群体性事件中参与主体为主线。其中，后两者模式以群体性事件生命周期为基础而展开，行政机关采取的应急措施是针对不同阶段不同参与主体实施的；同时，群体性事件中行政应急机关权力的行使、不同参与主体各自的言行，又会反作用于群体性事件生命周期发展的进程。

一是要构建环境群体性事件中行政应急能力的保障机制，从立法高度规定应对群体性事件的组织体系、基本原则、信息通告与发布制度、应急预案及启动标准、应急权力行使方式及行政主体要承担的法律责任，提升政府应急反应能力、决策和处置能力。二是要构建群体性事件信息保障机制，要满足公众对环境邻避项目的知情权，完善信息公开制度，政府要及时准确公布重要信息，稳定公众情绪。完善信息立法保障，制定详细的实施细则和应急预案。构建群体性事件中官员问责制度，明确问责主体和权限、问责对象，规范问责标准和适用范围，加强对网络和媒体的管理和疏导机制，建立政府与媒体之间相

---

[1] 邵庆龙、饶蕾：" 台湾治理邻避冲突的经验"，载《南海学刊》2015 年第 4 期。

互独立和相互监督的良性互动机制。[1]

范铁中认为，群体性事件有效的治理方式在于前期的预防和应急处置机制的完善。一是地方政府应建立信息情报收集制度和科学的信息公开机制，加强应急能力与应急机制建设，包括预警机制、反馈机制和处理机制。二是要健全群众利益表达机制和社会对话协商机制。同时，也要加强对网络舆情的监测和预警，积极引导网络舆情，缓和矛盾。重视社会组织在群体性事件治理中发挥的作用，依法规范社会组织登记管理，完善社会组织参与群体性事件的法律法规。同时，社会环保组织自身要强化对环境邻避事件的监测预警和信息披露，社会环保组织之间要加强合作。引导民众理性有序的参与，健全重大事项公示制度、公共决策社会听证制度和社会舆论监督制度。[2]

李瑶认为，突发环境事件[3]是一个相对系统的工程，政府应起主导作用，社会公众应积极参与配合，非政府组织发挥专业优势，注重事前阶段的预防，事中阶段的有效处置、事后阶段的调查评估和环境恢复。立法上应明确应急预案预警、信息公开、公众参与、生态修复等基本法律制度。[4]

（四）完善环境影响评价制度

环境影响评价制度是指在重大工程建设之前，对项目区位选择、建设使用阶段所带来的包括环境影响在内的因素进行科

---

[1] 戚建刚：《我国群体性事件应急机制的法律问题研究》，法律出版社2014年版，第186~192页。

[2] 范铁中：《社会转型期群体性事件的预防与处置机制研究》，上海大学出版社2014年版，第220~223页。

[3] 突发环境事件是指突然发生并由人为因素或自然灾害引起，造成或可能造成严重环境损害，需要采取紧急措施加以应对的事件。

[4] 李瑶：《突发环境事件应急处置法律问题研究》，知识产权出版社2012年版，第160~169页。

学专业评估，为工程项目选址和建设管理提供科学合理的依据。

任景明认为，从根源上预防环境邻避事件的发生，需要完善环境影响评价制度，引入环评市场管理第三方机构，明确环评各方责任，完善监督与约束机制。另外，需完善环境科技标准规范体系，独立的环境质量监测与评价体系，严格的环境管理和环境执法体系，环境风险应急响应和管理体系。[1]吴卫星认为，需完善环境影响评价制度，详细规定审批部门的法律责任、追究程序，强化施工单位的法律责任。[2]

汪劲认为，应通过完善法律程序保障环境影响评价的正当化，事前通知相关企业等利益主体召开听证会，政府在环评阶段应保持中立，邻避项目决策应经理性的推理，确保在环评阶段公众享有知情权、咨询权；公众参与是环境影响评价制度的核心，立法上应明确公众参与的权利性质、参与的范围和评价的对象，使参与的阶段和形式具体化，做到有法可依。[3]

(五) 构建社会稳定风险评估体系

为保证环境邻避项目规划的科学合理，我国在立法上也考虑到了项目存在的社会风险因素，为此2012年国家发改委在部委规章[4]中规定了需建立和规范社会稳定风险评估机制。

环境邻避项目建设之前的社会风险评估可提前预防和化解风险，同时科学客观的评估结果可消减民众对项目风险的担忧，

---

[1] 任景明：《从头越：国家环境保护管理体制顶层设计探索》，中国环境出版社2013年版，第118~121页。

[2] 吴卫星：《环境权研究：公法学的视角》，法律出版社2007年版，第152~157页。

[3] 汪劲：《中外环境影响评价制度比较研究》，北京大学出版社2006年版，第236~251页。

[4] 发改投资 [2012] 2492号文：《国家发展改革委重大固定资产投资项目社会稳定风险评估暂行办法》。

推动项目展开。庞素琳等认为,建构社会风险评估指标体系是风险评估的基础,环境领域社会风险评估原则包括以人为本、连续性和可修订原则。社会风险评估主体分为评估责任主体即责任单位或部门,还包括当地政府、项目选址周边的单位和居民、项目承包商、专业评估机构和高校学者专家团队。社会风险评估内容包括风险评估数据调查,风险识别和初步评估,制定和落实风险防范化解措施,以及落实措施后的风险等级确定四个方面。[1]

项目风险评估由先前的重经济收益向关注社会风险和民众利益转变,评估过程中充分听取和尊重群众意见和建议,可有效预防和减少因民众不满引发的群体性事件发生。胡象明等认为,重大项目社会稳定风险评估的操作程序,应遵循四个基本步骤:一是风险识别,二是风险分析,三是风险分级,四是风险控制。构建"利益相关者导向型风险评估"模型,通过利益相关者审计、利益相关者分析和利益相关者参与的三个层面整合,以实现风险评估和风险管理。[2]

沈琼璐认为,风险决策之前要进行社会风险评估,提高对民众的补偿回馈标准,实行公众参与式的决策模式。相关企业要承担应尽的社会责任,引入第三方环境影响和社会风险评估机构或环保组织,在政府和公众之间搭建沟通的桥梁,增强主体间的相互信任。[3]公众是受邻避项目影响最直接的利益主体,公众参与应贯穿到邻避运动治理的整个过程当中,以增强社会

---

[1] 庞素琳等:《城市生活垃圾处理与社会风险评估研究》,科学出版社2014年版,第93~96页。

[2] 胡象明等:《大型工程的社会稳定风险管理》,新华出版社2013年版,第173~185页。

[3] 沈琼璐、杨蓓蕾:"上海环境邻避冲突治理探究",载《中国国情国力》2016年第2期。

稳定风险评估的实效性。[1]

二、对研究中差异性观点的评析

国内学者对环境邻避冲突法律治理的研究，有的从宏观整体框架上进行建构，有的则从具体制度上予以论证，存在上述差异的原因在于学者们发现问题的切入点不同，视角不一，造成上述差异的背后反映了当前我国环境邻避事件产生原因的复杂性。

环境邻避冲突的根源在于政府、企业与公众之间的角色错位和利益博弈，表现在政府和企业之间的社会功能错位，政府主动干预市场却又乏于对市场的监控，本来作为民众集体利益表达的社区组织却成了政府事务运作的具体实施者，企业缺乏社会责任感，最后导致公民权益的受损。[2]在环境邻避冲突中，体现了政府和民众之间的相互较量，民众对环境邻避设施负外部性的不满和排斥，由此引发的群体性事件可形成一种外部压力，从而促使政府在政策制定和执行过程中降低或减少失误。因环境邻避设施选址所体现出的所谓"供给"不能满足公众的现实需求，由此产生的失衡必然导致环境邻避冲突发生，地方政府重压轻疏式的处置方式难以从根本上化解矛盾，可能进一步演化为更大规模的环境类群体性冲突。

环境邻避事件的产生源于多种因素，原因产生的多样化导致学者们研究的切入点有异，这些原因具体可归纳为：一是项目决策未让公众知晓，损害了公众的知情权和发表意见的权利，公众参与程序不正义。二是未及时解答公众对项目的疑惑。三

---

[1] 陈昌荣、周林意："环境群体性事件中邻避事件：研究述评及展望"，载《常州大学学报（社会科学版）》2017年第4期。

[2] 张文龙："中国式邻避困局的解决之道：基于法律供给侧视角"，载《法律科学（西北政法大学大学学报）》2017年第2期。

是利益补偿和公众求偿机制不完善。[1]四是社会风险评估缺乏独立第三方机构参与。五是邻避项目周围居民司法救济途径的缺失。

三、对研究中共识性观点的综合分析

解决我国环境邻避冲突的关键首先需找出问题根源，以根本性问题为出发点，寻找合理稳妥的解决方式。从整体上看，近年多发的环境邻避事件主要症结在于民众环保意识提高与政府治理环境冲突能力滞后之间的矛盾。环境邻避运动的发起者是民众，其出发点是维护自身环境权益而采取的行为，若地方政府一律用压制来平息事件，不正面回应民众合理诉求，反而会使此类事件无法得到妥善解决。地方政府不应为了邻避项目的尽快落地，自己关起门来进行封闭式决策，更不能以群众应具有大局或整体意识为借口迫使周边居民接受，这样只会扩大矛盾使之不断升级。故政府应转变法律治理理念，创新治理模式，将环境正义理念运用到对环境邻避事件的法律规制中，主动公开邻避项目的相关重要信息，及时保障民众的环境知情权、监督权，完善公众参与制度，让不同的相关利益主体充分发表意见，互相沟通协商，提高决策的合法性和合理性，从根源上化解环境邻避冲突，进而摆脱"中国式邻避治理"的困境。

（一）多元化主体的协同治理

国内学者探讨环境邻避运动的治理时，强调了多方主体共同参与治理的重要性。主张应引入国家治理理念，强调中央和地方统一协作治理，公众参与应制度化，邻避风险的监管需多方主体共同参与，合理的利益补偿机制，形成以政府为主导，

---

[1] 刘久："由涉核项目引发的邻避现象的法律研究"，载《法学杂志》2017年第6期。

社会组织和企业参与的多元化治理体系。[1]

转型时期我国城市环境治理要采取"政府主导式合作参与多元化治理模式",形成多主体参与、多方投入、多方经营的多元经营机制和利益分配机制。[2]多数学者强调,完善公众参与制度是治理环境邻避事件较有效的路径之一,分别从环境公共信托理论和"治理"理论论证公民环境参与权利的来源和存在基础,需要完善公民参与环境邻避项目治理制度,搭建民众与政府的平等对话平台,逐步形成公开、民主、透明、有效的利益表达机制,给予公民参与制度法律保障。但是,环境邻避冲突治理不完全在于公众参与,要引导公众学会理性地表达诉求,同时依法规范环境NGO的行为,使其在政府和民众之间发挥中介和桥梁作用,企业也要承担相应的社会责任和风险。政府需要完善环境信息公开制度,增强环境邻避项目决策的透明度,提升政府决策的公信力,及时回应民众合理诉求与质疑,减轻环境邻避项目的负外部性给民众带来的不公平感和相对剥夺感[3],重建政府与民众之间的信任体系。化解环境邻避冲突最主要的是要实质性引入公民环境参与机制,将其贯彻到决策制定、执行、监督的各个阶段。一是要完善行政问责机制,督促行政管理者及时公开环境项目信息和听取公众意见。二是要保障公民参与的有效性,明确公民表达和参与的权利,细化公民参与的具体渠道和范围。三是提高公民理性参与能力,强化理性维权意识。四是完善对利益相关者的补偿机制,维护公民合法利益。

---

〔1〕 张瑾:"邻避冲突的国家治理",载《江苏行政学院学报》2017年第2期。
〔2〕 陈海秋:《转型期中国城市环境治理模式研究》,华龄出版社2012年版,第143~149页。
〔3〕 相对剥夺感是客观环境不公平和不公正的一种主管认知结果,即当某个体在与他人比较中意识到自己不具有某种特定资源,从而产生自己对某种特定资源的期望,并且认为这种期望是合理的。

(二) 法律治理路径的体系化构建

环境邻避事件的治理需构建体系化的法律路径，学者们对邻避运动法律规制路径的具体研究，需加以整合归纳，勾勒出整体思路框架。政府机关需转变环境邻避项目实施的模式，将以往由上至下的决策模式转变为"参与—协商—共识"的模式，完善环境信息公开制度，环境公众参与制度、公众环境权益保障制度，环境邻避项目从规划决策到落地，以及环境群体性事件的解决都需要予以制度化、规范化、法治化。[1]

环境邻避运动的起初阶段，立法上要细化公民环境权的相关法律条款，明确公民的环境知情权、参与权、监督权等，即法律规定得越明确，对于公众环境权益的保障越有利。环境邻避运动的治理应与国家当前环境治理的机制相配合，提高环境规划和审批的层级，对于存在重大风险的项目应由国家在综合空间和地域因素的基础之上，合理规划布局，从源头上防范环境邻避冲突的发生。[2]政府、企业要履行信息准确披露的义务，及时发布权威信息，利用专家和科研院所较为权威专业和中立的社会形象，向公众普及宣传邻避项目科学客观的风险信息和防范措施，最大限度地消减民众因不了解而产生的过度恐慌情绪，降低民众对邻避设施的情绪化认知。

环境邻避运动的中期阶段，政府要采取紧急应急措施将损失降到最低，需要政府部门具有完善的处理环境突发事件的应急机制和临场处置能力，第一时间出面控制事态。强化民众对邻避风险的理性认知，这需要政府在邻避风险产生时，及时准确发布权威信息，制止谣言扩散，增强公众对邻避项目客观的

---

[1] 刘海龙：“环境正义视域中的邻避及其治理之道”，载《广西师范大学学报（哲学社会科学版）》2015年第6期。

[2] 张瑾：“邻避冲突的国家治理”，载《江苏行政学院学报》2017年第2期。

认可度。重视环保民间组织在治理环境邻避冲突中的作用，给予其参与邻避冲突治理的宽松环境，减少对其的不合理限制。

环境邻避运动的后期阶段，化解冲突需要多方的共同努力参与，地方政府应优化行政决策，强化对邻避设施项目负外部性影响的管理，建立多元主体协同治理的框架和实施机制。

邻避项目选址时应将哪些因素纳入考察范围，项目前期决策程序如何设置，当环境邻避项目存在争议时该如何妥善解决，邻避项目最终决策该如何有效执行，上述问题是我国构建环境邻避冲突体系化治理时需要重点考量的方面，把握和妥善处理好上述问题，能使环境邻避决策行为更加科学化、民主化和规范化。

第二节 运用法治手段破解我国环境邻避冲突困境的必要性分析

"现代性孕育着稳定，而现代化过程却滋生着动乱"这个著名的亨廷顿悖论如同阿喀琉斯之踵一般萦绕在每一个走向现代化的国家之中，邻避困境就是其中之一。

第二次世界大战后，各国积极谋求经济发展和现代化建设。随着城市化程度加深，城市人口数量和公共需求利益也日益增加，各种公共设施建设逐渐被提上日程，其中也包括垃圾焚烧厂、核电厂等，虽然该类设施对整体社会福祉大有裨益，但这类设施却会给设施周围居民带来种种不利的负面影响，因此该类设施在选址、建设过程中常被周边居民抗议。在这类设施建设中明显存在着以城市和经济发展为主的"增长联盟"，以及以维护社区生活环境和追求环境利益为主的"反增长联盟"，这两方联盟的反复博弈贯穿于这类设施建设整个过程，这就是邻避现象。

随着我国的城市化进程加快，经济发展方式加快从粗放的外延式发展模式转向以提质增效为特征的内涵式发展模式，如此对上述邻避设施的建设就成为我国现代化建设中不可或缺的重要部分。但由此衍生的环境邻避冲突事件却愈演愈烈，据国务院发展研究中心一份调研报告显示，自2003年以来随着我国城镇化进程加快，典型的环境邻避事件共发生96件，其中2014年是环境邻避事件的峰值年份，虽然之后环境邻避事件数量相较2014年略有回落，但仍处于高发阶段[1]。本书选取自2007年厦门反PX项目建设事件至2018年北京海淀反对宝山垃圾处理厂建设事件10个研究样本，从邻避事件名称、反抗原因、冲突表现、政府态度和项目最终结果等方面进行仔细梳理并绘制成表1-1，以便为我国运用法律手段解决环境邻避冲突提供有效法律路径。

表1-1 我国十个典型环境邻避事件样本（2007—2018年）

邻避事件名称	反抗原因	冲突表现	政府态度	项目最终结果
2007年厦门反PX项目事件	在全国两会期间一百多名政协委员联名提议厦门PX项目搬迁，进而引发民众持续性关注，后厦门市民因普遍担忧环境健康问题，开始普遍抵制PX项目在厦门落户。	通过媒体、网络以及短信的信息披露在市民中引发恐慌和抗议，以"散步"的集会方式向政府发声。	尊重民意，积极推动公众参与，召开新闻发布会、市民座谈会等，组织区域环评并开展市民投票。	项目搬迁至福建省漳州市。

---

[1] 国务院发展研究中心资源与环境政策研究所"按生态文明要求推进新型城镇化建设的重要问题研究"课题组："城镇化过程中邻避事件的特征、影响及对策——基于对全国96件典型邻避事件的分析"，载《调查研究报告（专刊）》2016年第42期。

续表

邻避事件名称	反抗原因	冲突表现	政府态度	项目最终结果
2008年上海反磁悬浮联络线事件	政府的优化方案不被接受，民众担心项目距离近会危害自身健康。	大规模民众聚集在人民广场进行抗议，反对磁悬浮项目建设。	政府重新对项目进行论证和环评。	项目缓建，暂时被搁置。
2009年广州番禺垃圾焚烧发电厂事件	选址未与供地村民进行充分沟通，程序备受民众质疑，政府聘请的专家发表的意见和媒体报道失实，继而引发民众抗议。	向有关部门投诉信访，联名签署反对意见书等。	政府召开新闻发布会、群众代表座谈会、专家论证会，重新进行环评。	暂停项目建设，重新论证选址问题。2013年复建该项目，现已投入运营。
2011年大连福佳大化PX项目事件	受台风影响，海水倒灌PX项目厂区，相关人员隐瞒PX罐体可能泄露的风险，遭民众抗议。	数万人在市政府前的广场散步示威，要求福佳大化停产搬迁。	PX项目工厂立即停工，政府召开新闻发布会，向民众承诺项目搬迁，但具体搬迁时间未定。	一年后工厂低调恢复生产。
2012年四川什邡反钼铜多金属深加工项目事件	项目获得环评通过后，一篇《什邡，不久的将来或是全球最大的癌症县》在网上疯传，引发舆论沸腾。	项目开工典礼的次日，民众开始自发聚集在市政府门前抗议项目建设，持续数日，并出现部分打砸等骚乱行为。	警方出动警力抓捕部分打砸人员，并要求停止非法游行示威活动，但局面仍未得到有效控制，最终政府发出公告项目停建。	项目停止建设，今后也不再继续建设。

续表

邻避事件名称	反抗原因	冲突表现	政府态度	项目最终结果
2013年广东鹤山核燃料项目事件	民众对于核项目安全性的天然抵抗性与政府机械解释项目绝对安全带来的彼此不信任。	项目计划一出，市民响应网上号召，沿街游行并在市政府门前集会示威。	政府部门不断进行"核科普"活动，并解释项目的安全性，召开座谈会，积极与民众沟通，但均告无果。	宣布项目夭折，停止前期所有筹划工作，造成上亿元损失。
2014年广州茂名反PX项目事件	民众对已有的化工企业已心生不满，面对即将上马大型化工项目的抵抗性骤升，加之公众前期参与度不足，政府科普宣传收效甚微，而与民众沟通又不够及时充分，事后政府又以高压姿态要求民众同意支持PX项目。	前期小规模和平集会游行反对PX项目建设，后期由于政府不正当处理，致使范围扩大引发工人罢工、学生罢课甚至诱发了部分不法分子的打砸暴力事件。	政府在事件开始阶段未能与民众积极沟通，以政府权力去钳制舆论导向，最终发生流血事件，暴力冲突陷入失控状态。	逮捕在事件中的数十名暴乱参与人员，并暂停项目，未进行环评。

续表

邻避事件名称	反抗原因	冲突表现	政府态度	项目最终结果
2014年浙江杭州垃圾焚烧厂事件	在前期规划公示阶段遭到选址地周边居民反对，担心自身健康受到影响。	受到部分不法分子煽动，在集会游行中，出现打砸暴乱行为。	反应及时，召开新闻发布会，宣布项目要在取得大家的理解支持情况下开工，而后开始国内外的调研学习，并为周边居民实施一系列惠民福利政策，并组织当地居民外出考察，实地检验垃圾焚烧项目的健康安全性。	目前，项目已继续开展，当地居民也不再继续反对。
2016年湖北仙桃垃圾焚烧发电项目事件	因担心项目污染环境对自身身体健康造成负面影响；同时政府的宣传过于形而上，民众普遍不信任。	出现游行示威，继而在部分不法分子煽动下，出现暴力冲突事件。	召开新闻发布会宣布项目停建，而后政府进行事件反思认为：信息不对称、科普不到位、宣传大而空、风险说不清等问题是该邻避事件爆发的症结，事后积极组织周边居民外出考察，并努力做面向居民全覆盖的科普宣传工作，并积极征集居民意见。	先停建而后在长期宣传和沟通后，项目又重新复建上马。

第一章 我国运用法律手段解决环境邻避冲突的现有路径分析

续表

邻避事件名称	反抗原因	冲突表现	政府态度	项目最终结果
2018年北京海淀反对宝山垃圾处理厂事件	选址靠近居民区和北京水源地,且该项目设施未能广泛听取民众意见,也未能让民众参与该项目的论证、听证。	联名向各级部门反映问题、抗议不满,部分周边居民业主小规模的集会抵制项目建设。	转变之前态度,积极沟通和答复民众要求。	按照程序继续开展前期工作,目前项目建设单位正在进行社会稳定风险分析报告编制工作。

通过表格梳理可看到,我国目前的环境邻避冲突治理思路仍然是"行政管控"为主的思维,即:地方管理者将环境邻避冲突视为对社会秩序和政府管理带有冲击性的群体性事件,以掩盖、妥协、摆平等方式作为应对的首选方案;在现实中的体现就是环境邻避设施的"偷偷上马",公众知悉后并引发冲突危机政府又"匆匆忙忙"进行解释,但对公众的所求解答却是"遮遮掩掩",于是在"慌慌张张"中就草草以项目停建等快速"止血"的方式结束。而"邻避治理"的基本思维是,在邻避设施的建设过程,通过"增长联盟"和"反增长联盟"的协力合作,共同参与,跳出"一建就闹,一闹就停"的怪圈[1]。实现这一思维的转变,法律手段的参与是必不可少的,但遗憾

---

[1] 王佃利等:"从'邻避管控'到'邻避治理':中国邻避问题治理路径转型",载《中国行政管理》2017年第5期。

的是在目前我国的邻避治理中由于缺乏立法、司法、执法阶段的相关保障，使得结果总是不尽如人意。同时，政府也无法摆脱传统的"摆平—妥协"的路径依赖[1]，久而久之，在应对环境邻避冲突这一问题时，政府的内在行政逻辑就易变成"决定—宣布—辩护"，这一逻辑的形成不仅郁结于地方管理者管控思维的根深蒂固；同时，也因为部分地方管理者法治意识淡薄。虽然自党的十八届四中全会以来，全面推进依法治国的总目标战略布局正在有条不紊地推进，但环境邻避冲突治理诸多立法、执法和司法层面的缺失，致使一些地方管理者始终将这个问题单纯地作为一个可依靠行政手段根除的社会问题，忽略了法律手段在处理此问题中的应用。于是，在处理类似的环境邻避冲突时，地方政府较多运用"决定—宣布—辩护"的逻辑思维，这可应付一时但不能从根本上解决实际问题。这种"自上而下"忽略民众规范参与的社会公共事务治理单向思维逻辑的结果就是——决策封闭化，在推动环境邻避设施建设过程中，仅以政府为主的教育、劝说、通知等信息传递方式，作为双方甚至多方利益主体之间的沟通常态，只有在邻避冲突事件爆发，甚至是局面失控时，政府才有时会被动地采取诸如协商、听证、组织居民代表考察等双向沟通方式，然而这时付出的经济和社会成本已经很大了。因此，时代的发展迫使我们不能再继续使这种低效、无益于问题解决的逻辑思维发展下去了，必须努力转变思路，在实践中学会柔性的协同式治理方式，并将一些实践中有效的做法及时融入法律，通过立法、执法、司法的规范化行为促进我国对环境邻避冲突的治理步入良性发展轨道。

---

[1] 鄢德奎、陈德敏："邻避运动的生成原因及治理范式重构——基于重庆市邻避运动的实证分析"，载《城市问题》2016年第2期。

第三节　运用法治手段破解我国环境邻避冲突的迫切性

进入 21 世纪后，造成我国环境邻避冲突层出的一个症结就在于公民权利的保障还需进一步加强。自改革开放以来，随着我国现代化进程的加快，法治思想逐渐深入人心，公民权利意识也日益觉醒，公众逐步认识到法律赋予自己的各项权利（知情权、参与权、监督权、环境权等），对于公共事务的参与热度也高于以往。因此，在遭到不透明、不合理的决策时，公众往往会诉诸这些权利，捍卫自己的利益。在邻避设施兴建中，公众正是基于这样的心理，爆发了一场场环境邻避冲突运动。这也说明了目前我国公众权利需求与法律供给之间存在落差，才导致这些社会群体性事件。目前，在相关法律供给中存在两大问题：一是粗放型的法律防控体系，缺乏精细化的调整；二是过度依赖政府的行政治理，不仅忽略企业、社会组织等其他主体的参与，更漠视公民的参与权。这两大问题使得我国政府在邻避冲突治理过程中，既不能充分对公民的权利进行保障，也无法有效化解邻避冲突[1]。下面主要从立法、执法、司法及主体参与等几个方面，分析运用相关法律手段破解我国环境邻避冲突困境的可行性。

一、立法上还比较缺乏专门性的法律规定

当前，在立法层面上，我国没有对环境邻避冲突进行专门

---

〔1〕 张文龙：“中国式邻避困局的解决之道：基于法律供给侧视角”，载《法律科学（西北政法大学学报）》2017 年第 2 期。

规制的法律[1]。以最典型的污染类、风险集中类邻避设施建设为例,相关的法律有《环境保护法》《环境影响评价法》《水污染防治法》《固体废物污染环境防治法》[2]《城乡规划法》等。这些法律多以解决环境污染问题为主,其中部分规定会涉及邻避设施的选址问题,如《环境影响评价法》第11条[3]、《城乡规划法》第36条[4]等,但整体上还是缺乏直接调整相关权利义务关系的法律。此外,对于邻避设施的一些技术性标准,散见于《生活垃圾焚烧污染控制标准》《危险废物填埋污染控制标准》《危险化学品安全管理条例》等行政规章中,由于这些法律文件对邻避设施选址缺乏操作流程规定,如选址的法律主体、程序、标准、补偿等,所以难以满足当前邻避冲突法律治理的现实需要,这也产生了后续的一些问题,造成选址决策不透明、流程不公开、标准不合格、补偿不合理等一系列问题,引起周边民众的不满。缺乏必要法律规制的选址流程和缺少行之有效的邻避设施建设标准,不仅容易导致民众聚集性"街头散步"

---

[1] 只有一部地方性法规与之有较紧密联系,即为更好解决垃圾围城现象和垃圾选址问题,广东省第十二届人民代表大会常务委员会第二十九次会议于2016年12月1日通过《广东省人民代表大会常务委员会关于居民生活垃圾集中处理设施选址工作的决定》。

[2] 该法于1995年10月30日第八届全国人民代表大会常务委员会第十六次会议通过,自1996年4月1日起施行。该法实施期间共进行了两次修订,分别是2004年和2020年;同时,还进行了三次修正,分别是2013年、2015年和2016年。

[3] 《环境影响评价法》第11条规定:"专项规划的编制机关对可能造成不良环境影响并直接涉及公众环境权益的规划,应当在该规划草案报送审批前,举行论证会、听证会,或者采取其他形式,征求有关单位、专家和公众对环境影响报告书草案的意见。但是,国家规定需要保密的情形除外。编制机关应当认真考虑有关单位、专家和公众对环境影响报告书草案的意见,并应当在报送审查的环境影响报告书中附具对意见采纳或者不采纳的说明。"

[4] 《城乡规划法》第36条第1款规定:"按照国家规定需要有关部门批准或者核准的建设项目,以划拨方式提供国有土地使用权的,建设单位在报送有关部门批准或者核准前,应当向城乡规划主管部门申请核发选址意见书。"

以宣泄不满，也容易诱发新的权力腐败和滥用。因此，在未来相关专门性法律制定中，应将邻避设施建设过程中产生的如选址、建设标准、补偿等问题纳入其中，不能仅依靠稳定性和公开性远不如法律的政府政策和红头文件等。同时，在公民利益诉求表达过程中，由于目前立法精度还不够，无论依据《集会游行示威法》《行政复议法》还是《信访条例》，很难充分保障邻避运动中公民利益诉求的合理表达，如在《集会游行示威法》中关于申请游行示威的规定，因赋予公安机关极大的裁量权，导致部分温和的邻避运动也往往陷入非法的"街头政治"之列，成为部分地方政府眼中破坏社会公共秩序的罪魁祸首，使得官民之间产生对立情绪。同样，在《行政复议法》和《信访条例》中也面临相似的问题，由于抽象性规定和兜底性条款给予相关行政机关较大的裁量权，导致邻避运动中公众的合理诉求表达渠道容易"被中断"，因此在上述法律法规中，需要更精细的法律制度安排和规定，以"权力清单"形式严格限定相关机关的自由裁量权，以拓宽公众利益诉求的合理表达渠道。

二、处置邻避冲突过程中，执法方式还是刚性有余，柔性不足

在执法层面上，由于无法可依，无章可循，自然执法问题只能落入空相〔1〕，政府在相关邻避设施的选址决策中，难以保证公众的参与〔2〕。在实际操作中，有些政府部门往往因惧怕民意沸腾，而选择避开或绕过公众参与这个问题，未能有效保障邻避设施选址中公众的参与权、知情权，以及批评建议权等一

---

〔1〕 诸法皆空的相状。
〔2〕 侯璐璐、刘云刚："公共设施选址的邻避效应及其公众参与模式研究——以广州市番禺区垃圾焚烧厂选址事件为例"，载《城市规划学刊》2014年第5期。

系列权利。虽然，2012年国家发改委就颁布了《国家发展改革委重大固定资产投资项目社会稳定风险评估暂行办法》，规定对于邻避设施的建设决策必须经过社会风险评估，但由于缺乏具体操作指引规范，风险评估工作往往由项目单位或政府包揽，使得最终决策不免会缺乏科学性和客观性。同时，在环境邻避冲突产生后，部分政府将此类冲突简单地定性为群体性事件，对于环境邻避冲突往往视为威胁社会稳定的政治问题，一味采用高压手段而非积极包容性手段与民众进行沟通交流，比如公安机关的强制清场活动，或者利用刑事手段对维权和上访公民进行处理，这样的结果只会进一步激化政府与周边民众的矛盾，恶化事态的发展，不利于邻避冲突的有效化解。处理环境邻避冲突多个实证案例证明，政府除了严格遵守相关法律规定，积极落实和保障公民知情权、参与权和批评建议权等一系列基本权利外，还需要加强对自身执法权有效的内部监督和制约，防止公权力滥用；尤其是在环境邻避冲突爆发时，基于维稳需要的警察执法权要受到更严格的约束，防止对公众造成不必要的伤害，使政府与周边民众陷入更深层次的压制与对抗恶性循环中。

三、司法权还没有有效介入我国环境邻避冲突治理过程

司法是保护公民权益的最后一道防线，可现实中因为此类冲突立法上的空白较多，执法过程的不规范，使得受邻避设施影响的民众诉讼无门，难以通过正当的司法方式获得救济。简言之，从目前《行政诉讼法》的受案范围来看，政府对邻避设施选址的不当决策并不在受案范围之列，除非选址决策已经对公民的人身和财产权造成实质性侵害，否则公民很难以行政诉

第一章 我国运用法律手段解决环境邻避冲突的现有路径分析

讼方式获得救济，使政府对于邻避设施的选址决策撤销或者废止[1]。在新修订的《民事诉讼法》第55条中，虽然规定了环境公益诉讼制度，但是公民个人并不是适格的诉讼主体。2018年最高人民法院、最高人民检察院联合颁布的《关于检察公益诉讼案件适用法律若干问题的解释》第14条规定[2]，检察机关提起的公益诉讼针对的是已经发生实际损害的行为，对于潜在的环境损害能否提起公益诉讼未作详细规定，该条规定与最高人民法院2015年发布的《关于审理环境民事公益诉讼案件适用法律若干问题的解释》第1条在受案范围[3]方面存在衔接上的空隙，这样的空隙容易造成其实际司法效力的降低。上述存在的超出行政诉讼受案范围、公益诉讼主体资格受限、实际两个公益诉讼司法解释之间的衔接空隙等问题，导致在实际司法救济中，公众的可行选择路径并不多，如此一来也就意味着大量的环境邻避冲突难以获得有效的司法救济，长期淤积之后，民众只能通过简单的游行示威方式去抗争。目前司法救济的缺失状态，也导致想在法律层面对我国环境邻避冲突进行系统性治理是无从谈起的。司法环节是建构法律统一性和系统性不可或缺的部分，不能将环境邻避冲突泛政治化，这样只会恶化对

---

[1] 陈越峰："城市空间利益的正当分配——从规划行政许可侵犯相邻权益案切入"，载《法学研究》2015年第1期。

[2] 最高人民法院、最高人民检察院《关于检察公益诉讼案件适用法律若干问题的解释》第14条规定："人民检察院提起民事公益诉讼应当提交下列材料：（一）民事公益诉讼起诉书，并按照被告人数提出副本；（二）被告的行为已经损害社会公共利益的初步证明材料；（三）检察机关已经履行公告程序的证明材料。"

[3] 最高人民法院《关于审理环境民事公益诉讼案件适用法律若干问题的解释》第1条规定："法律规定的机关和有关组织依据民事诉讼法第五十五条、环境保护法第五十八条等法律的规定，对已经损害社会公共利益或者具有损害社会公共利益重大风险的污染环境、破坏生态的行为提起诉讼，符合民事诉讼法第一百一十九条第二项、第三项、第四项规定的，人民法院应予受理。"

邻避运动的有效治理，增加其社会负面影响，目前来看只有将其纳入法律治理轨道才能将其造成的社会负外部性降至最低。因此，在我国要建立以司法为中心，多元参与的法律治理模式，就需要通过有效的司法救济途径再造，将邻避类诉讼难的问题解决好。同时，司法机关的制度化介入和参与，也有利于对行政执法机关形成外部监督，通过更精细化的司法裁判行为，从合法性、合理性角度审查政府行政行为，在保障公民合法权利与维护社会秩序之间建构起一种动态平衡。

四、参与主体的参与方式和参与能力还有待提高

在主体参与层面，由于缺乏前述的立法、执法和司法保障，虽然在邻避冲突中涉及的利益主体有政府、企业、社区公众或其他社会组织，但在邻避冲突伊始，公众多数以社区行动方式或通过其他社会组织介入，以集合其他公众扩大邻避运动影响面，进而对政府和涉事企业施加压力。从力量博弈结构看，主要的矛盾结构在于政府、企业、社会公众或其他社会组织这几方面。这样的矛盾结构，也暗合葡萄牙著名学者博温托认为的现代社会所必备的三种基本机制：国家、市场和共同体，这三种机制彼此互相分离，相互制衡，共同满足现代社会公众的利益和福祉。而目前我国在这三方关系中却存在一些问题，具体体现在政企关系的功能错位，政社关系的权力失衡，企社关系的责任缺失。

首先，在我国政企关系中存在功能错位。现代社会以功能分化为首要原则，政府和企业分属不同的功能系统。政府是国家的权力执行组织系统，企业是市场经济系统的微观组织，前者的作用体现在对社会整体提供具有集体约束力的决定，后者的作用体现在解决社会资源有限的问题。不同系统对外进行沟

第一章 我国运用法律手段解决环境邻避冲突的现有路径分析

通的媒介也不尽相同，国家政治系统的沟通媒介是权力，而市场经济系统的沟通媒介是货币[1]。这两种媒介是不能直接联系的，否则会导致社会功能系统的紊乱。在邻避冲突中，一方面是政府过度干预市场，虽然大多数邻避设施属于公共设施，属于政府购买服务的类别，但其运作是市场化的，所以在具体项目操作上应该是企业出面沟通，但在我国很多地区出现的邻避冲突中企业往往躲在政府后面，由地方政府去推动邻避设施的选址和建设；甚至有的地方政府为了招商引资，促进本地方的国内生产总值（GDP）增长或其他利益考虑，大包大揽地为这类企业的项目落地扫清一切障碍。对于相关邻避项目的行政审批等工作，政府本应处于中立地位，通过公平、公正、公开的方式进行，但鉴于前述种种问题，具体的办事程序就变得形式化了。正是基于这样的原因，对于邻避项目的后续监管，一些地方政府也明显重视不够，日常监督乏力。而最终问题一旦爆发，必然使公众直接产生对政府的不理解、不支持，甚至会引起严重冲突对抗的环境邻避运动。

其次，在政社关系中，我国的社会组织结构已经发生了很多变化。自改革开放以来，随着城市化进程的加快，我国原先的社群单位体制已经解体，大量模块化社区和其他社会组织的出现，逐渐改变了社群管制运作格局。在不同的社会生活共同体中，公众居民都可以进行不同的利益表达。因此，政府与这些不同共同体之间的沟通交流，就是与共同体背后不同公众个体的沟通交流。无论是在国外还是国内的相关化解邻避冲突实证案例中，社会组织都发挥了至关重要的作用。在多方利益冲突时，社会组织能够以"救火队""安全阀"的姿态在冲突主

---

[1] 张文龙："中国式邻避困局的解决之道：基于法律供给侧视角"，载《法律科学（西北政法大学学报）》2017 年第 2 期。

体之间起到积极磨合的作用,杨立华教授也总结出社会组织参与邻避冲突时有八种角色,包括维权者、持续推动者、信息员、专家顾问、协调者、资源提供者、促进员和志愿者[1]。在邻避冲突中,这些角色既能帮助公众扫清相关知识、信息、议题的障碍,促进公众的认知,明晰维权目标,引导邻避运动方向策略,也能为政府、企业和公众之间搭建起一个沟通平台,使得政府、企业能够更好地了解公众利益诉求,缓解双方的对立情绪[2]。但我国目前的政社关系存在一定的权力扭曲化问题,正式的社会组织受制于政府无法完全发挥应有的效用,非正式的(公众临时、自发组织建立起来未得到官方认可的)社会组织行动上又受到诸多约束限制。致使在邻避冲突时,无论正式还是非正式社会组织都易被边缘化,得不到应有的重视和信任,往往最终体现出来的就是政府与民众之间的直接对抗。面对以政府为代表的国家机器时,任何社会个体都显得渺小,都希望可以抱团取暖,以共同体姿态与政府取得平等谈判的筹码,所以非正式社会组织就这样应运而生了,目的是更好地与政府、企业进行协商对话,获得相应的利益保障。无法求助于或不信任正式社会组织,也是这些临时非正式社会组织出现的深层次原因。希望依赖共同体,又不信任共同体,造成这一尴尬局面的症结就在于:正式社会组织的行政化。所以,自然在一些邻避冲突发生时,这些正式的社会组织不但得不到周边民众的信任,更有甚者会成为公众的抗议对象。

最后,在企社关系中,部分企业由于缺乏社会责任感,只

---

[1] 杨立华、张腾:"非政府组织在环境危机治理中的作用、类型及机制——一个多案例的比较研究",载《复旦公共行政评论》2014年第1期。

[2] 张勇杰:"邻避冲突中环保NGO参与作用的效果及其限度——基于国内十个典型案例的考察",载《中国行政管理》2018年第1期。

考虑自身经济利益,往往忽略与周边社区居民的环境、生活等诸多利益协调问题。现代企业诞生于西方,股东利益至上是企业的基本信条,但是随着时代的发展,西方社会认识到企业过于以自我为中心可能产生负外部性问题,于是必然要在制度架构层面限制一些企业的行为,要求企业在获得财富的同时对社会予以反馈,惠及社会公众。我国当下的情况是,许多企业往往与政府联合起来,利用政府对于社会组织的管控进而快速推进邻避项目的建设,即便有的企业进行了征询意见和沟通协调也往往不是直接面对社区公众,甚至有的当地群众处于全然不知的状态。这直接导致部分此类企业对社会公众的普遍意愿和利益需求视而不见。在利益先导的经营理念指导下,在邻避设施的后续运作中,相关的环境或其他的风险防控成本会被人为压缩,使之前选址、兴建所有安全设施和设计的宣传形同虚设,最终导致当地社会公众的极度不信任和反感,甚至逐步走向维权抗议之路。学者波兰尼早就指出,经济是嵌入社会之中的,如果经济从社会中脱嵌[1],必会引发社会的自发保护运动。以此观点审视我国目前的环境邻避冲突问题,是具有警醒意义的。在以往成功解决邻避冲突的案例中,不难发现一些企业从初始的不与周边社区公众分享经济效益,到最后将部分企业红利拿出来与所涉社区公众进行分享,毕竟项目周边社区为企业提供了劳动力、土地、能源、原材料等诸多资源,对此企业应当负起相应的社会责任,如环境保护、提供当地人就业、慈善公益等一系列责任,进而与社会公众建立起互利共赢的和谐企社关系。

我国环境邻避冲突中公民权利的基本保障,不仅需要当地

---

[1] 锂从正极材料中出来的过程,是锂电池行业专业术语。

政府积极推动，保持必要的参与距离，也需要所涉企业、社会组织等多元主体的融入参与，在理性参与和协同博弈中实现共赢。而且，在邻避冲突中利用立法、执法、司法等手段，寻求政企关系、政社关系和企社关系的规范化、稳健化发展，是运用法律手段破解我国环境邻避冲突的题中应有之义。

我国应对环境邻避冲突的法律实施状况

第一节　从邻避困境视角看我国垃圾分类与资源化回收制度的法律实施

随着现代社会人口和城市规模的快速发展,民众日常生活中产生的各类垃圾量呈几何式增长。根据相关统计,2010年以来,我国生活垃圾清运量逐年上升,2019年超过2亿吨,达到2.04亿吨,同比增长6.81%。2019年,我国214个大、中城市生活垃圾产生量为18 850.5万吨,处置量为18 684.4万吨,处置率达99.1%。产生量最大的是上海,产生量为879.39万吨,其次是北京、重庆、广州和深圳,产生量分别为872.6万吨、692.9万吨、688.4万吨和572.3万吨[1],这就使我国很多城市处于"垃圾围城"困境之中。试想,一个城市若没有完善的垃圾处置设施、处置方法,几十年后,人将居于何处。但如果与废弃物有关的垃圾处置设施的选址和建设不当,不仅会占用居民区附近的土地,损害居民享有的房产利益,更会给当地居

---

〔1〕 "2019年生活垃圾清运量达到2.04亿吨,垃圾处理企业如何布局?",载http://www.cn-hw.net/news/202004/16/72619.html,最后访问时间:2020年4月22日。

民带来难以弥补的环境污染,影响民众的生活环境、生存质量和身心健康,进而激化邻避运动和垃圾分类与资源回收制度之间的矛盾。

垃圾分类与资源回收制度的有效实施,如垃圾资源回收法和垃圾分类条例的颁布,一方面有助于解决垃圾处置设施落地后可能产生的邻避困境,另一方面也有助于造福当地周边环境,减少日常生活垃圾对环境的危害,实现了公益与私益之间的平衡,实现了由"邻避"到"邻益"的转变。正确解决邻避困境,化解民众对垃圾的厌恶与当地处置垃圾需要之间的矛盾,一方面有助于减少当地垃圾的存在,保护当地环境,实现生态效益;另一方面,合理的矛盾化解方法如采用协商会、听证会的形式,听取利益攸关民众的心声,了解其对垃圾分类与回收利用的实际要求,可缓和当地政府与民众之间的尖锐矛盾,助力和谐文明社会的实现。所以,建设垃圾处置和资源回收再利用设施,不仅要考虑其资源回收再利用的效率问题,更要考虑当地居民的中肯意见和公共利益,综合对当地环境可能带来的弊和对全体居民生成的利进行整体规划,运用科学民主和规范化的方法化解当地面临的邻避困境。

一、邻避困境视角下我国垃圾分类与资源化回收法律制度概况

随着城市化进程的推进,我国有关垃圾分类和资源化回收的法律法规不断增多。目前相关的法律法规主要有:①2014年修订的《环境保护法》;②2018年修正的《环境保护税法》;③2017年修订的《城市市容和环境卫生管理条例》;④2020年修订的《固体废物污染环境防治法》;⑤2018年修正的《循环经济促进法》;⑥2015年修正的《城市生活垃圾管理办法》等。

虽然，我国已颁布了上述法律法规，其他一些城市也颁布实施了相应的地方条例、办法，如《北京市生活垃圾管理条例》《浙江省城镇生活垃圾分类管理办法》《银川市城市生活垃圾分类管理条例》，但涉及垃圾分类的具体方法、具体方案以及垃圾处置设施的规划建设仍然不是很多。我国在面对邻避困境时，要在总结我国垃圾分类回收经验的基础上，积极借鉴日本、德国等国的先进经验，取长补短，在更大范围内及时颁布实施配套的条例、办法，在充分试点的基础上，努力探索出一套适合我国国情的垃圾分类回收法律体系。

二、邻避困境视角下我国垃圾分类与资源化回收法律制度的实施现状

我国的《环境保护法》《固体废物污染环境防治法》《城市市容和环境卫生管理条例》等法律法规，以及《北京市生活垃圾管理条例》《浙江省城镇生活垃圾分类管理办法》等一些地方条例、办法的颁布实施，在一定程度上弥补了我国法律体系在垃圾分类及资源化回收方面的法律漏洞，但有的法律法规规定的条款针对性不强、实践操作性低、法律责任规定不完善，正确认识邻避困境下我国这方面法律体系的不足，才能更好地完善我国这方面的法律体系。

（一）所涉法律法规规定的针对性不强

在我国现有的诸多立法中，涉及垃圾投放、垃圾运送、垃圾处置的法律规范相对杂乱、没有形成完善的制度体系，大多散乱分布在《环境保护法》《固体废物污染环境防治法》《城市市容和环境卫生管理条例》等相关法律法规中，大多只是原则性、纲领性的规定，针对性、可操作性不强，国家对此出台相应的实施细则偏少。如《城市市容和环境卫生管理条例》第21

条规定："多层和高层建筑应当设置封闭式垃圾通道或者垃圾贮存设施，并修建清运车辆通道。城市街道两侧、居住区或者人流密集地区，应当设置封闭式垃圾容器、果皮箱等设施。"该条只是规定了城市应当设置垃圾设施，但对具体设置地点、具体维护方案、垃圾倾倒规则并没有进一步细化，缺乏针对性的指导。不过，某些地市在具体规定垃圾处置方法时则予以了细化，如《北京市生活垃圾管理条例》第33条规定："产生生活垃圾的单位和个人是生活垃圾分类投放的责任主体，应当按照下列规定分类投放生活垃圾：（一）按照厨余垃圾、可回收物、有害垃圾、其他垃圾的分类，分别投入相应标识的收集容器……"全国人大在下一步修订法律时，应及时吸收一些先进城市的具体经验和做法，完善《城市市容和环境卫生管理条例》等法律法规相关的规定。

（二）实践操作性低

目前，我国法律规范对于垃圾分类与资源化回收的规定往往过于笼统、粗略，大多只是原则性、纲领性的规范，进而使得法律的威慑力、可执行力下降，从而在实践中难以得到有效实施和应用，尤其是在垃圾分类与回收的具体实施细则、具体监管单位等方面往往没有予以明确化。如《城市市容和环境卫生管理条例》第19条规定："城市人民政府……建设生活废弃物的清扫、收集、运输和处理等环境卫生设施……"该条只是规定了政府应当建设垃圾处置相关设施，但应当设置的垃圾处置设施具体包括哪些法律并没有具体的规定，这就需要相应的下位条例、办法予以细化，这样才能增强法律的可执行性。实操性低的原因不只在于法律规定的笼统性，针对性不强，还在于法律实施者的不重视，形式化特征明显，这就需要法律的具体实施者尤其是政府相关人员要有足够的职业素养、法律修养和创新精神。

(三) 法律责任的规定往往不完善

法律规则的三要素包括假定条件、行为模式、法律后果，法律责任大多包含于法律后果中。缺少法律后果，不仅使法律规则不完整，还会使法律规则缺少必要的拘束力、震慑力。因此，法律责任作为法律后果的主要形式之一，需要予以明确化，使人们对自己行为的后果有明确的了解，从而选择理性得体的行为模式。

鉴于我国《环境保护法》《固体废物污染环境防治法》《城市市容和环境卫生管理条例》等法律法规个别条款中对法律责任的规定过于笼统，尤其是在一些处罚的执行机关、处罚幅度、处罚种类上没有予以细化；在实施行政处罚过程中，执法者顶格处罚、破格处罚的情形并不少见。如2020年《固体废物污染环境防治法》第10条规定："国家鼓励、支持固体废物污染环境防治的科学研究、技术开发、先进技术推广和科学普及，加强固体废物污染环境防治科技支撑。"该条规定了国家对环保包装物生产有贡献的予以奖励，但并没有规定奖励幅度，使得在法律实践中难以得到有效执行。

第二节　从邻避困境视角看我国环境信息公开制度的法律实施

一、邻避困境与我国的环境信息公开制度

邻避运动的发生在很多情况下应归咎于当地政府相关信息的不透明、不公开以及政府对民众关切问题回应的怠慢、迟滞。厦门PX项目的环评已于2005年完成，但腾龙芳烃（厦门）有

限公司拒绝公众希望其公开环评报告的要求，这使得厦门市民难以信任政府所言的 PX 项目真的安全可靠。公正、透明的环境信息公开制度不仅是政府依法决策的先决条件，也是民众参与政府决策、尊重政府决策的制度保证。如果没有阳光、可靠的环境信息公开制度，民众的知情权、参与权、监督权等如何得到保障？阳光的环境信息公开制度的建立，在一定程度上有利于民众对政府决策的善意理解，可缩短政府与民众的隔阂，增进彼此之间的信任，进而避免不同类型邻避运动的发生发展。

  邻避困境的产生大都与政府、企业所涉邻避环境信息不公开、不透明有关。在邻避运动中，一些政府工作人员唯恐邻避运动进一步升级，大多首先采取封闭与之有关的重要、敏感、负面信息的措施，对于民众的合理诉求甚至不予理睬，这使得当地民众对政府的信任度不断降低，激化了原有和新生的社会矛盾。若这方面的信息能及时、依法予以公开，并对邻避项目的选址规划予以及时沟通和科学解释，在对项目的推进知晓和理解的情况下，大多数民众一般也是不会阻拦并采取过激行动的。公正、透明的环境信息公开制度的建立，有助于增进民众对政府决策行为的理解，使民众在思考问题时将自身利益与公共利益予以合理衡量，这样做是有利于促使项目落地的，虽然这方面的沟通和博弈成本较高，但未来邻避项目的推进是必然要实实在在补齐这方面短板的。而邻避冲突在我国不同地域的不时发生，某种程度上也促使当地政府思考在决策项目上马时的程序不足，及时保障当地民众的知情权、参与权、监督权等实现的途径，优化邻避项目建设方面的环境信息公开法律制度。

二、邻避困境视角下我国环境信息公开法律制度概况

邻避困境下,环境污染危害由周边居民承担,利益却由整座城市甚至整个社会享有,信息知情的不对称更加剧了其中的矛盾。民众在掌握邻避项目利弊不同信息的情况下,有助于理性对项目的建设与否作出行为选择。目前,我国涉及环境信息公开的法律主要有:①2014年修订的《环境保护法》。该法第五章专章规定"信息公开和公众参与",明确负有环保监管职责的部门应当依法公开环境信息、定期发布环境状况公报、公布违法者名单等以切实保障公民的知情权。②2018年第二次修订的《环境影响评价法》。该法第4条规定:"环境影响评价必须客观、公开、公正,综合考虑规划或者建设项目实施后对各种环境因素及其所构成的生态系统可能造成的影响,为决策提供科学依据。"③2008年施行2019年修订的《政府信息公开条例》。该条例规定了政府信息的公开主体、公开范围、公开方式和程序以及监督和保障途径,促使政府依法公开信息。④2017年颁布的《核安全法》。该法明确了核安全信息的公开主体、公开方式等,为公众了解核设施信息提供了救济途径。⑤原环境保护部于2014年颁布了《企业事业单位环境信息公开办法》,规定了企业作为信息公开主体时信息公开的途径、方法。此外,在落实环境信息公开过程中,相关部门、省市制定了相应的条例、办法。如2008年北京市制定了《北京市环境保护局环境信息公开暂行办法》,对环境信息公开的主体、方式、程序、保障予以细化,努力打造阳光、高效政府,使民众环境利益得到切实保护。2016年上海市修订的《上海市环境保护条例》要求政府、企业依法公开关系民众切身利益的环境信息。

三、邻避困境视角下我国环境信息公开法律制度的实施现状

我国的环境信息公开法律规范大多散见于《环境保护法》《环境影响评价法》《政府信息公开条例》等法律法规中，缺乏系统性。在邻避运动中，当民众拿起法律武器要求政府、企业公开相关的环境信息时，一些地方政府总是试图以各种理由搪塞，回避直接面对的尖锐问题，这无疑加剧了官民之间的矛盾，我国环境信息公开法律制度的实施现状主要如下：

（一）环境信息公开的监督机制不健全

环境信息公开的监督主要由两部分构成：一方面是上级环保部门监督，另一方面是社会监督。对于上级环保部门的监督，由于上级环保部门直接指导下级环保部门工作，下级环保部门直接对上级环保部门负责，上级环保部门在纠正下级环保部门工作失误时，难免会有偏袒现象发生。另外，上级环保部门对下级环保部门处罚种类相对较轻，主要表现为责令改正、行政处分，罚款在实践中应用得不多。而在社会监督过程中，公民作为行政行为相对人，在对政府的不作为、乱作为进行举报时往往相对谨慎，一方面害怕政府的报复，另一方面由于知识水平限制，对受理举报的机关、举报材料的书写不明确，导致投诉无门现象并不少见。

（二）对国家秘密、商业秘密的保护往往成为环境信息不公开的借口

在涉及保护公共利益和国家利益时，我国采取了国家秘密、商业秘密优先保护法律制度，即在信息公开的内容涉及国家秘密、商业秘密时，国家、企业可以有条件地不予公开相关信息。2007年颁布的《环境信息公开办法（试行）》（已失效，下同）规定，"环保部门不得公开涉及国家秘密、商业秘密、个人隐私

的政府环境信息"。依法不公开国家秘密、商业秘密民众能够理解，但现实生活中，许多地方政府、企业往往打着保护国家秘密、商业秘密的幌子，不依法公开相关邻避项目信息，对其也缺乏有效的强制约束机制。根据国家2017年的调查，在31个省级环保部门和70个地市级环保部门，共计101个调查对象中，不依法公开重点排污单位名录的地市级环保部门（包括不公开和不按时限公开）共计56个，约占全部统计对象的55%。[1]而环境邻避运动的发生乃至情势恶化往往与周边民众环境信息知情权保障不落实紧密相关，对民众主动申请公开的依法应公开的环境信息，企业和政府应依法主动公开，切实保障民众的环境知情权等权利，避免社会矛盾的激化。

（三）环境信息公开的不及时、渠道少

数字信息技术的快速发展大大缩短了行政办公时间，提升了行政效率，时间也成为人们日益宝贵的财富。《环境信息公开办法（试行）》规定，环境保护部门依法应当主动公开的信息，应在20个工作日内公开。但在信息高速运转、互联网迅猛发展的今天，信息实时共享已成为可能，所以对于能够及时上网公开的、民众迫切需知悉的邻避项目相关信息，政府应主动、及时予以公开。对于应在法定工作日内公开的环境信息，政府和所涉企业必须在规定时间内及时予以公开，以树立当地政府、企业的良好社会形象和信誉，维护周边民众的切身利益。在公开渠道上，政府不应固守传统的报纸、电视渠道，应与时俱进，加快实施电子化、无纸化办公，将相关邻避项目重要信息及时在网络公开发布，实时与民众共享公共信息。

---

[1] 杨梦晴："新环保法效果评估：信息公开仍不理想"，载http://mini.eastday.com/a/170421180004422.html，最后访问时间：2020年4月24日。

第三节　从邻避困境视角看我国环境公众参与法律制度的实施

随着人类中心主义到和谐环境价值观理念的演进，环境治理的市场"失灵"与政府"失灵"，环境公众参与制度得到了不断发展与完善。20世纪60年代晚期，在公共和私人部门中，民众参与作为一种民主手段出现一波高潮，在这过程中，反对专家治理国家的现象——邻避运动产生了。在邻避运动中，民众反对、抗争对他们居住环境有害的设施建设在其居住的小区周边，并通过政治请愿、报纸刊文、游行示威等方式表达群体意愿，使得邻避设施难以顺利落成，进而促进了人类环境公众参与制度的发展。环境公众参与制度，不仅能衡量一个国家民众的民主素养、国家民主政治发展状况，更是一个国家法律体系健全与否的重要指标。

当前，在宜居环境日益成为一种稀缺资源的情况下，民众不会仅满足于在破坏其周围环境时一些金钱的短暂补偿，其更希望自己能亲身参与到关系自身利益的一些决策中。2009年8月，广州市番禺区生活垃圾焚烧发电厂建设在引起周围居民广泛反对时，当地政府并没有立刻终止此项目，而是选择暂停项目，通过报纸、网络等媒介征集民众意见，并邀请有关市民代表参观项目建设，该项目最终于2013年环评通过，为期四年多的番禺区生活垃圾焚烧邻避事件落下帷幕。从中我们看出，在相关邻避政策制定和实施过程中，拓宽民众参与渠道，增加民众表达意见方式，使当地民众不再仅仅是决策的服从者，而是决策的制定者、参与者，当民众亲身参与到决策的制定过程中时，相关决策变得更易执行，项目也更易落地实施。

一、邻避困境视角下我国环境公众参与法律制度概况

由于邻避设施建设的利弊影响有一定地域分割性，在邻避设施一定范围内的主体称为直接利益相关者，而在此范围以外的主体则称为间接利益相关者，准确识别利益相关者的范围，有利于明确邻避项目决策者的参加者范围，便于更好地推进相关法律制度的落实。截至目前，我国与环境公众参与相关的法律主要有：①原环境保护部 2015 年颁布的《环境保护公众参与办法》，该法明确了公众参与和监督环境保护的途径，规定了公众依法表达意见的保障和救济措施，将民众切身环境利益与政府依法决策辩证统一。②2014 年修订的《环境保护法》，该法第五章规定了"信息公开和公众参与"，明确了公众可向有关部门提出意见，对违法行为进行举报以及提起诉讼的权利。③2017年修订的《核安全法》规定有关核设施的重要事项应当征求意见，民众对违法违规行为有举报的权利，是对危险核设施周围民众环境利益的一种保障。对于我国已颁布的相关环境保护公众参与法律法规，一些城市也颁布了相应的地方条例、办法，以促进公众参与环境保护法律制度的落实，如河北省人大常委会于 2014 年颁布的《河北省环境保护公众参与条例》，明确了民众参与环境保护的范围和途径，以及公众参与的保障和促进措施；陕西省于 2016 年印发了《陕西省环境保护公众参与办法（试行）》，规定了公众参与环境保护的范围、内容、方式、渠道和程序，鼓励公众积极有序参与环境保护。

二、邻避困境视角下我国环境公众参与法律制度的实施现状

公众参与环境保护制度的确立与完善，有利于提升人民当

家作主的权利意识,加快环境保护法律体系的发展,促进法治社会不断健全。随着人类工业化进程而来的是生活环境的不断恶化,各国在推动环境保护公众参与制度中也采取了不同措施,但最早将环境保护公众参与制度予以重视的国家当属美国。美国不仅要求环境保护部门将公共项目建设对公众造成的环境影响予以评价,还要求环境保护部门将掌握的对环境保护有重要影响的信息、资料予以及时公开发布[1]。近年来,随着我国"绿水青山就是金山银山"口号的提出,环境保护公众参与制度也得到了不断发展和进步,但随着一些邻避事件的发生,我们不得不审视现行环境保护公众参与制度中的不足,这主要体现在:

(一)公众参与次数不足,影响力有限

环境邻避运动的发生大多与公众对邻避设施建成后可能对环境造成的污染担忧从而选择积极参与有关,环境保护公众参与法律制度是公民参与民主管理的主要途径,是政府依法决策的有效保障。现实生活中,公众不愿意、不主动参与环境保护民主管理的现象依然大量存在。一方面,与我国民众的民主意识不强、不懂得如何参与环境保护民主管理有关;另一方面,与国家、地方政府的政策法律实施保障力度不够有关,民众担心因过分积极参与环保民主管理而影响自身的职业发展和生活。此外,公众在参与环保过程中的影响力有限也是重要原因。首先,公众在现实生活中参与环保过程中,采用的主要方式是意见信方式,而听证会、论证会、座谈会采用的不多。其次,公众能有效参与环境保护的主体主要是专家、学者这类社会精英,普通民众参与的次数和规模有限,进而导致影响力和实际效果

---

[1] 这在历任民主党主政的政府行为中是多见的。

有限，民众的参与积极性普遍不高。

(二) 环境保护公众参与失序化、低效化

公众参与失序化是与公众参与理性化、有序化相对应的，表现为民众在参与环保过程中受到非理性意识控制，不能合理表达其真实、理性观点。环境保护的主要参与者是以自然人为参与主体的，由于个体存在较多的独立性、自由观念，致使其在参与邻避运动时，难免出现无序化、非理性化的表达和行为。目前，公众参与环境保护的失序化主要有以下两方面原因：①民众由于其自身知识水平的限制，在参与环境保护过程中，容易受到报纸、电视、网络等舆论宣传的引导，盲目从众，进而导致游行示威、静坐示威等社会问题涌现。②由于民众在环境保护过程中，大多以自身切实利益为衡量标准，难免在表达意见时，不顾及其他人的意见，进而其表达的意见可能有失偏颇，从而政府在收集意见时，需要付出更多的时间和人力成本。

(三) 公众参与形式单一，缺乏双向互动保障机制

公众参与环境保护的有效性、积极性、主动性，不仅影响自身提出意见的采纳度，更影响环境保护决策的民主性。但目前民众参与邻避设施建设过程的形式单一，双向互动不足仍是当下面临的重要问题。第一，究其原因，公众参与形式单一主要有以下几方面：①公众难以有效获取政府、企业的相关环境信息，对于政府、企业的决策难以完全知晓，即使想参与其中也无法入手。②公众参与环保的形式单一，大多只能通过意见信的形式表达自己的看法，在网络技术迅猛发展的今天，大力推动信息充分互动基础上的邻避决策不失为一种好方式。第二，双向互动保障机制不足究其原因主要有：①环境信息公开的过程和结果有效性还需时间验证。多数情况下，政府、企业只习惯性地把一些信息发布或张贴出来，而往往不管民众能否有效

获知此信息，也很难谈得上"充分互动"。②缺乏制度性保障机制使公众反馈的信息切实发挥作用，在一些民众中的意见领袖将意见交于政府、企业时，政府、企业有时是予以漠视的，甚至完全排除将其合理化意见纳入协商讨论范围。

第四节　从邻避困境视角看我国环境听证法律制度的实施

一、邻避困境与我国环境听证制度

听证制度源于英国，是古老的"自然公正"原则在环境听证领域的体现。其主要通过公开合理的听证形式听取民众对政府决策的意见，促使政府依法决策、依法行政，避免违法或不利的行政决定给相关利害关系人带来不利或不公平的影响。基于国情的不同，我国的行政决策过程往往是以国家公权力为主导，比较重视实质正义而忽视形式正义的过程，这也为一些城市公共项目的建设造成了很多实际困扰和不必要的烦恼。

近年来，随着我国生态环境的不断恶化及民众环保意识的加快提升，环境听证制度也得到了不断发展与完善，并在发达经济地区得到一定程度的使用。环境邻避型群体性事件的不断出现，不仅反映出民众环保意识的不断增强和当地生活环境的恶化，也反映出我国环境保护听证制度实施中的不足——一些地方政府往往忽视制度化的官民沟通互动渠道建设，这部分民众意见收集和反馈的阻滞也促使此类群体性事件的频发。法律的任务在于及时并有效确认、保障、衡平民众利益。在邻避运动中，邻避设施的建设往往是以牺牲邻避设施周边民众的环境利益为代价的，而环境听证制度正是弥合这种可能性冲突的制度设计，其在化解邻避困境中的特殊作用不容小觑。世界环境听证制度的发展也充分体现了民众对自身环境权益的重视，期望通过自己的行动将自身的环境权益予以最大程度保护。环境听证制度的有效实施，不仅有利于政府依法决策、依法行政，更有利于平衡当地经济利益与民众环境利益、环境公益与环境私益，有利于缓和政府与民众之间的紧张关系，推进邻避设施建设进程。

二、邻避困境视角下我国环境听证法律制度概况

听证是民众制度化表达自身意见的重要途径，但现实生活中，由于我国听证制度实施过程基本以政府为主导，许多情况下听证会的信息互动是不充分的，多数的结果就是难以顾及和回应小部分民众的利益诉求，听证会的实际效果并不理想。虽然我国环境听证制度起步较晚，但随着民众环保意识和国家的重视，有关这方面的法律法规也在不断发展完善。这主要有：①1996年10月1日实施的《行政处罚法》和2010年1月19日新颁布的《环境行政处罚办法》，这些都开了我国环境行政处罚听证制度的先河。②2003年8月《行政许可法》及原国家环保总局2004年6月23日《环境保护行政许可听证暂行办法》的出台，明确了环境保护行政许可听证制度。③2018年12月19日修正颁布的《环境影响评价法》第11条规定："专项规划的编制机关对可能造成不良环境影响并直接涉及公众环境权益的规划，应当在该规划草案报送审批前，举行论证会、听证会……"这明确了民众参与环境决策的权利。④2018年1月1日实施的《核安全法》明确核设施运营单位应当就涉及公众利益的重大核安全事项组织听证会、论证会，保障民众的环境利益。由于我国环境听证的法律规范大多散见于许多相关法律法规中，规范

系统性明显不足，这也直接导致省以下的下位法规范也是零零散散的。

三、邻避困境视角下我国环境听证法律制度的实施现状

重实体、轻程序是我国几千年形成的法律传统，但程序正义是实体正义的保障，如果没有正当程序的规制，实体公正是很难保障的。环境法治下特定制度的完善发展在解决我国邻避型群体性事件困境时，不仅能合理衡平个体的环境利益与社会的整体利益，更能促进我国环境保护法律体系的完善。基于目前邻避困境的视角下，我国实施中的环境听证制度不足主要有：

（一）环境听证制度缺乏系统性、完整性

目前，我国环境听证法律规范主要散见于《环境影响评价法》《环境保护行政许可听证暂行办法》《环境行政处罚办法》等规范中，未有系统完整的法律规范呈现。虽然，这些碎片化的听证法律规范有利于特定法律部门的完善，但具体到环境听证制度实际效果而言，是不利于环境听证法律制度的统一高效实施的，也不利于我国环境听证制度的精细化发展，操作不当反而会加剧政府与部分民众之间的紧张状态。

（二）环境听证主持人制度不完善

我国《环境保护行政许可听证暂行办法》第8条第1、2款规定："环境保护行政许可的听证活动，由承担许可职能的环境保护行政主管部门组织，并由其指定听证主持人具体实施。听证主持人应当由环境保护行政主管部门许可审查机构内审查该行政许可申请的工作人员以外的人员担任。"虽然，在一定程度上该规定体现了回避原则和职能分离原则，但由于主持人是由环境主管部门指定，并且主持人作为环境部门的工作人员，其任命、提升等都由环保部门负责；此外，对于听证主持人的资

格法律也没有具体规定,进而可能会影响到听证质量,自己监管自己,很难保证听证主持人的中立性,也会影响到听证结果的有效性、可信度。

(三) 环境听证制度适用范围较狭窄

环境听证制度适用范围狭窄主要体现在两个方面:第一,申请环境行政处罚和环境行政许可听证种类的范围较窄。如2010年1月19日颁布的《环境行政处罚办法》第48条第2款规定:"在作出暂扣或吊销许可证、较大数额的罚款和没收等重大行政处罚决定之前,应当告知当事人有要求举行听证的权利。"虽然,在行政处罚种类后加了一个"等"字,但在实践中,政府一般是不会将其他事项列入行政处罚听证范围的,此处明显是等内等。第二,听证申请人的范围较窄。我国《环境保护行政许可听证暂行办法》规定:参加环境行政许可听证的仅限于利害关系人,对于其他无关热心群众并没有赋予其申请听证的权利,在利害关系人出现意外发生无法直接行使申请听证权的情况下,如利害关系人死亡、丧失行为能力等情况,法律应赋予其近亲属或其法定代理人申请听证的权利。

(四) 环境听证制度可操作性不强

我国环境听证制度起步晚,环境听证在现实执法中运作得也不是很好。其原因主要有:第一,我国环境保护机关的不重视。环保部门急于提升行政决策效率,在涉及民众环境利益时,往往只是邀请自己信赖的人大代表、政协委员、专家学者、媒体记者到场听证,尽量减少民众参会数量,以保证听证顺利进行。第二,部分民众民主意识的缺乏。一方面,其习惯了对环保机关公告的环境听证事项置之不理,并不将参与民主决策作为自己日常生活的重要事项予以对待。另一方面,民众在参与听证会时,往往担心因提出不同意见会招环保部门报复,所以实际参与听证时，仅仅是"听"并没有质证行为，这就需要通过制度保障措施完善现行的听证参与和监督制度，将民众听证权利的保障落到实处。

第五节　从邻避困境视角看我国环境执法法律制度的实施

环境执法从本质上说就是环境行政机关保证环境法律实施的一种专门活动，是有关行政机关执行环境法律规范的过程。环境行政机关执法又可分为环境保护行政主管部门的执法和环境保护行政相关部门的执法。环境执法既具有行政执法的共性，又有自己的特性。第一，环境执法具有单向性，环境执法部门完全可以根据法律法规赋予自己的权力，自行决定或直接进行环境执法活动，并不需要与环境执法相对人进行协商或征得环境执法相对人的同意。该特性保证了环境执法的及时性和有效性，保障了对环境污染行为人的打击力度和效度，在关键时刻可以把环境污染危害程度降到最低；第二，环境执法主体呈现出多部门的特点，当前科学技术日新月异在推动经济迅速发展的同时，使环境污染也显现出新的态势，新事物的不断涌现，虚拟经济、信息产业的发展，使得环境污染也呈现出新的样态和情势。污染防治、环境污染预警、环境生态恢复等工作的难度越来越大，无时无刻不在考验着我国的环境行政执法能力。加之我国行政法规范对各个行政机关权责的划分相对比较明确，部分实际工作中职能的模糊也导致实际工作中，单一行政部门往往难以应对当下较严重的环境污染问题。这就要求从事环境执法的部门，以各级人民政府及其环境主管部门为主体，加强与其他相关行政管理部门，例如土地、林业、渔业、海洋、气

第二章　我国应对环境邻避冲突的法律实施状况

象、资源能源等机构的协调和配合。[1]只有健全环境执法体系建设，才能自如应对当下社会迅速发展带来的复杂社会问题。第三，环境执法的方式具有多样性，强调灵活性，环境污染问题是极为复杂的，其有较大的社会影响面。此外，环境执法还与科学技术紧密相连，这就使环境执法不仅仅是经济性惩罚，还应包括更为严重的人身罚和以说服教育为主的申诫性惩罚。[2]

根据相关实证案例和统计资料显示，不难发现近年来我国环境邻避运动面临的形势越加严峻。究其主要原因在于，社会物质生产快速发展需要同兴建邻避设施可能造成较严重环境污染之间的深刻矛盾。一方面，经济不断发展和社会文明进步需要物质生产作为支撑，现代化物质生产过程就可能产生污染物；另一方面，人民群众的环保意识越来越强，对自身和家人身体健康的关注度越来越高，而邻避设施的兴建可能造成生活周围环境的局域性污染，对区域内居民的身体健康会产生一定的不利影响。我国邻避困境现状对环境执法提出了更高要求，在此背景下，环境执法必须严格遵守其法定原则：第一，必须遵循合法性原则，环境执法主体必须是法定机关，必须在法定权限内执法，必须保证执法程序和执法内容的合法性，这是环境执法的首要准则；第二，必须坚持合理性原则，这要求环境执法机关的执法行为必须公正合理，根据污染的现实状况、污染恢复难度、行为人具体违法情节等，依法选择最合理的处罚标准和实现方式，正确合理使用法律赋予的自由裁量权；第三，保

---

[1] 顺应时代发展需要和工作实际需求，2018年3月13日，第十三届全国人民代表大会第一次会议审议国务院机构改革方案。组建生态环境部，不再保留环境保护部。
[2] 参见周珂主编：《环境与资源保护法》，中国人民大学出版社2010年版，第93页。

053

证执法的效率性原则,当前造成我国邻避困境的重要原因之一就是环境执法机构的执法效率低下,环境污染预警和应急处置措施都不到位。这是当前人民群众最关心,也是最不满意的地方。只有环境执法部门提高自身办事效率,快速灵敏地依法处理邻避型环境污染问题,做好环境污染防治和环境危机预警工作,才是我国能走出环境邻避困境的必然选择;第四,坚守公正性原则的底线,环境执法部门必须在一般情况下同等保护任何单位和个人的环境权利,依法打击各种形式的环境污染行为。当下,我国环境邻避困境的另一重要原因是,环境执法部门在邻避设施建设与区域邻避设施污染的问题处理上,难以做到公正高效。通过现实中的大量个案不难发现,邻避设施在兴建过程中,每逢当地群众激烈反对时就会暂时性停建,等事情稍稍平息逐步淡出人们视线时又会悄无声息地继续复建,如此反反复复,最终大多数情况是周围群众选择妥协,承担相应的环境污染损失予以了结,这就对相应政府所属的环境执法机关提出了在执法中保障人民群众合法利益,真正贯彻落实公正性原则的较高执法要求。

目前,针对我国的环境邻避困境,必须科学合理完善当前的环境执法方式。[1]其具体包括:环境行政处理、环境行政处罚、环境行政许可、环境行政强制执行等,这些执法方式并不是各自独立互不相联的,其联系是非常紧密的。根据以往的经验来看,解决我国的环境邻避困境,合理化调整环境执法方式是首要的,科学修正和完善我国的环境执法方式主要包括:

1. 进一步完善环境行政处理和环境行政处罚

环境行政处理,具体是指环境执法机关依照法律法规针对

---

[1] 所谓环境执法方式,是指环境执法机构依照环境相关法律法规的规定和要求,针对环境执法相对人所采取的各种方法、手段和措施的总称。

特定的环境行政管理相对人所做的具体、单方面的、能够直接发生行政法律关系的决定。从一定角度看，环境行政处理是环境行政执法机关进行执法检查或采取其他措施的依据。环境执法机关在作出环境行政处理决定之后，环境执法部门常常会对相对人执行该决定的情况进行监督和检查，对不执行决定的相对人可视情况及时作出相应的处罚。以我国当前的环境邻避困境为例，在环境邻避设施建设和后续监督中，一些环境执法部门的环境行政处理把控力度明显不足。通常部分环境执法部门针对产生环境污染的邻避设施，在作出环境行政处理决定后，往往放松了对涉事相对人后续执行情况的督查，相应的涉事邻避设施可能还是在继续兴建，环境邻避困境在当地并没有真正得到解决。所以，必须及时完善环境行政处理的监督机制，加强对行政相对人执行该决定情况的日常检查和动态监督。

环境行政处罚是对环境违法相对人的一种行政制裁措施。在实践中，针对环境污染问题作出的行政处罚是比较频繁的，但是处罚的科学性、合理性以及处罚效果也是值得进一步讨论的。处罚的本质是惩治违法行为，教育相对人，从而达到预防违法甚至犯罪的社会效果。但如果处罚不合法、不合理，在一定程度上可能适得其反，达不到环境行政处罚所要求的效果。因此其一，环境行政处罚行为必须审慎，依照环境法和相关法律法规，根据实际的环境污染问题，运用切实可靠的环境行政处罚手段和方式；其二，针对环境行政处罚中的自由裁量权问题，环境执法部门必须根据环境法律法规的规定，对具体违法的行政相对人在法律规定的范围内根据情节轻重，选择与违法行为相适应的处罚形式和幅度。[1]

---

〔1〕 参见周珂主编：《环境与资源保护法》，中国人民大学出版社2010年版，第96页。

2. 健全环境行政许可规范

环境行政许可是以环境法律法规的一般性禁止为前提的，相对人必须首先依法提交申请，在此过程中，环境执法机关必须对相对人的权利和资格依法进行审查，既不能把资格和权利赋予不合格的相对人，也不能赋予相对人不合法的资格和权利。在必要时，环境行政主体可以在作出行政决定的同时，赋予必要的条件、义务和责任。[1]以此提高环境行政许可行为的质量。

3. 加快改善环境行政强制执行

环境行政强制执行是一种比较严厉的行政措施，所以环境行政机关强制执行或申请强制执行应具备法律规定严格的条件。其一，必须以法定义务的存在为前提，否则不可实施；其二，实行环境行政强制执行的前提是有不履行法定环境义务行为的现实存在；其三，必须在法律规定的前提下实行强制执行措施；其四，必须是享有行政强制执行权的环境行政机关作出并具体强制执行。针对目前我国存在的部分环境强制执行不合法不合理现状，必须严格规制环境行政强制执行行为，才能使环境行政执法发挥更好的效果，避免陷入环境邻避困境。[2]

4. 加大环境行政督查力度

导致我国目前环境邻避困境的一个重要因素是环境行政执法部门的督查力度不够。针对环境污染问题的监督检查确实存在一定难度，虽然环境问题产生的原因极其复杂性，环境问题的影响和辐射面也较广，但是加大环境行政监督检查力度是预防和解决环境污染的必由之路，也是走出环境邻避困境的必然

---

[1] 参见周珂主编：《环境与资源保护法》，中国人民大学出版社2010年版，第97页。

[2] 参见周珂主编：《环境与资源保护法》，中国人民大学出版社2010年版，第97页。

要求。因此，必须使一般监督检查与特定监督检查紧密联系配合；使事前监督、事中监督和事后监督依次递进；使环境守法监督检查与环境执法监督检查，相互配合、相互监督；使实地环境监督检查与全面环境监督检查因时制宜地深入进行。[1]

第六节 从邻避困境视角看我国环境影响评价法律制度的实施

环境影响评价一般认为是由美国学者柯德威尔教授 1964 年在加拿大召开的国际环境质量评价学术会议上首次提出来的。我国 1979 年颁布的《环境保护法（试行）》（已失效）中首次确立了环境影响评价制度。[2] 在我国，环境影响评价主要有规划环评和建设环评两种：

1. 规划环评，是对规划的环境影响评价，对象主要分为两类：第一种为包括土地利用、区域、流域、海域建设和开发利用为主的综合性规划；第二种为农牧工商业、能源、水利等部门的专项规划，也包含国务院有关部门和社区的市级以上人民政府及有关部门的专项规划。关于规划环评的程序，必须遵守《环境影响评价法》第 13 条规定进行。从目前我国的环境邻避困境视角来看，现实中的规划环评实施得并不十分尽如人意。《环境影响评价法》第 11 条规定："专项规划的编制机关对可能造成不良环境影响并直接涉及公众环境权益的规划，应当在该规

---

[1] 参见周珂主编：《环境与资源保护法》，中国人民大学出版社 2010 年版，第 98 页。
[2] 根据我国的《环境影响评价法》规定，可以把环境影响评价定义为，对规划和建设项目实施后可能造成的环境影响进行分析、预测和评估，提出预防或者减轻不良环境影响的对策和措施，进行跟踪监测的方法与制度。

划草案报送审批前，举行论证会、听证会，或者采取其他形式，征求有关单位、专家和公众对环境影响报告书草案的意见……"通过研究我国环境邻避事件实例不难发现，许多环境邻避设施的兴建并没有按照法律规定，提前征求公众对于其环境影响报告书草案的意见，周边民众的知情权等没有得到有效保障。现实情况是，在可能产生较严重污染的项目破土动工或即将建成时，周围群众才知道要兴建相应的邻避设施，并且项目前期也没有向周围群众普及相关知识；很多情况下，周边群众在不了解的情况下起而反对兴建，一定程度上又影响了社会秩序稳定。所以，要想摆脱目前的环境邻避困境，必须建立健全关于规划的环境影响评价制度。严格遵循《环境影响评价法》第13条规定的规划环评程序，对环境影响报告书进行详细的审查。[1]

2. 建设项目环评，是一切对环境有影响的基本建设项目、技术改造项目、区域开发建设项目和引进建设项目等，都必须编制环境影响报告书或填报环境影响报告表。根据《环境影响评价法》第27条的规定：在项目建设、运行过程中产生不符合经审批的环境影响评价文件的情形的，建设单位应当组织环境影响的后评价，采取改进措施。在我国，常有项目的建设与最初的环境影响评价文件不相符的事情发生，这有时会加大产生环境污染的可能，加重周围群众的抵触情绪，进而一些投资金额较大的项目难以按期建设完成。因此，必须严格依照法律规定，遇到这种不相符合的情况，建设单位应及时组织环境影响的后评价活动，立即采取改进挽救措施，从程序上避免可能的环境污染发生。在我国，实施环境影响评价制度必须严格遵循

---

[1] 参见周珂主编：《环境与资源保护法》，中国人民大学出版社2010年版，第47页。

第二章 我国应对环境邻避冲突的法律实施状况

以下法定程序：

（1）对评价形式进行严格筛选。对于规划环评，综合性规划应当在规划编制过程中同步组织环境影响评价，并编写该规划有关环境影响的篇章或说明。专项规划，应当在该规划草案上报审批前组织进行环境影响评价，并向审批该规划的机关提出环境影响报告书。对于建设项目的环评，目前主要分为以下三类，针对不同情况实行不同的管理。第一，可能造成重大环境影响的建设项目，例如涉及的污染物种类多、数量大、毒性强，可能对当地生态环境造成较大破坏，改变生物多样性，容易引发跨区域环境污染等。根据我国《环境影响评价法》的相关规定，类似这类可能造成重大影响的建设项目必须编制环境影响报告书，对其可能产生的各类环境影响进行全面评价，并且规定除涉及国家保密的，均应制作环境影响报告书。建设单位应在报批建设项目环境影响报告书前，举行听证会，征求相关专家和公众意见；第二，可能造成轻度环境影响的建设项目，根据法律相关规定，在管理上要求此类建设项目必须编制环境影响报告表，对其可能产生的环境影响进行分析和专项评价；第三，对环境影响很小的建设项目，例如很少产生或基本上不产生三废污染等不利环境建设项目的，此类建设只需填报环境影响登记表。在我国，许多环境邻避冲突的出现，重要原因之一就是建设项目环评不到位，没有严格依照法律的相关规定进行，所以当下必须完善既有的建设项目环评制度，针对不同项目的实际情况分类处理。

（2）评价报告编写和审批。对于评价报告的编写和审批，我国法律均有明确规定。例如《环境影响评价法》第 12 条规定："专项规划的编制机关在报批规划草案时，应当将环境影响报告书一并附送审批机关审查；……"该法第 22 条第 1 款规定:"建设项目的环境影响报告书、报告表,由建设单位按照国务院的规定报有审批权的生态环境主管部门审批。"严格环境影响评价报告的编写和审批程序,对于避免和缓解邻避危机的发生发展具有重要现实意义。

(3)环境影响评价的公众参与。对环境可能造成重大影响的建设项目和专项规划,建设单位应当在报批环境评价报告书前举行听证会、论证会,或者采取其他形式征求相关领域的专家、有关单位和公众的意见。编制机关也应认真考虑多方利益主体的合理诉求,并在报送环境影响报告书中附上对意见采纳或不采纳的说明文字。就一般情况而言,要摆脱我国目前的环境邻避困境,必须着眼于有序扩大群众的公共参与,在形式和方式上进行必要的改变和创新。实际上,很多公众对一些环境邻避设施的建设并不十分了解,而且有些生活废弃物处理设施的建设,只要规划建设标准高、技术先进,其对周围环境的影响并不大,有的甚至会成为一座城市新的旅游项目,开发建设成新的国家级旅游景区。[1]但有些邻避项目的推进正是因为公众的了解度不够,建设项目的透明度不高,这也是容易引发邻避冲突的重要原因。可见,相关邻避设施的建设必须提前举行听证会、论证会,采取一切可行的形式,充分听取利益攸关方的意见。相关邻避设施在兴建前,对周边群众进行相应的环保专业知识宣传也是非常必要的。

(4)环境影响评价的法律效力及法律责任。环境影响评价作为一种专门性活动实施后必然会产生实际法律效力,实施的好坏就会产生特定的法律责任。这具体分为:规划编制机关的法律责任、规划审批机关的法律责任、建设单位的法律责任、

---

[1] 马丹丹:"垃圾处理项目成国家旅游景区",载《首都建设报》2019年12月9日。

以及对有关的行政主管人员、工作人员和其他直接责任人员，因违反法律规定构成犯罪的依法追责。严格的责任追究制度，保障了我国环境影响评价制度的顺利实施。

第七节　从邻避困境视角看我国构建社会稳定风险评估体系的法律实施

社会稳定风险评估起源于 2005 年四川省遂宁市的地方实践创新，是指与人民群众利益密切相关的决策、政策、改革措施、重大工程项目建设与社会秩序相关的重大活动等重大事项，在制定、出台、实施和审批审核前，对可能影响到的社会因素开展系统调查，科学预测、分析和评估，制定风险应对策略和预案，从而进一步保证重大事项的顺利实施。其最重要的目的在于预防和化解因重大工程项目建设引发的社会矛盾。[1]

通过研究发现，我国在构建社会稳定风险评估体系的具体法律实施过程中还存在不少问题，其功能并没有得到全面发挥，这主要体现在：第一，对构建社会稳定风险评估体系的认知较狭隘。从传统意义的观点来看，构建社会稳定风险评估体系只局限于是否发生了群体性事件，这根本不能适应当前的经济发展和社会实际需要。应当考虑到一些突发公共事件、社会负面影响等方面的风险。在社会实践活动中，对可能影响社会恐慌和造成社会秩序混乱等高危风险项目，则必须事先进行及时有效的环评；第二，风险评估的方法较粗糙。从目前情况来看，我国的社会稳定风险评估仍处于初级阶段，各方面的具体实施

---

〔1〕 刘泽照、朱正威："掣肘与矫正：中国社会稳定风险评估制度十年发展省思"，载《政治学研究》2015 年第 4 期。

工作并不十分细致，科学的可验证性不高，例如评估标准模糊、双重标准、多重标准、报告粗糙、程序不合理不规范等问题时有发生。实践中，我国一些邻避冲突发生的重要原因之一就是社会稳定风险评估工作不到位，事前难以综合相关因素进行较系统的科学评估，从而导致对事态发展的预料性缺失，进而影响社会秩序稳定，使一些重大项目在当地的推进陷入邻避困境；第三，评管脱节，当前只评不管、评而不动的问题较严重。实际上，社会稳定风险评估与社会稳定风险管理是不可分割的一套系统，评而不管，评估就失去了应有意义；只管不评，管理也就没有了标准和依据。

推动我国积极构建社会稳定风险评估法律体系，建立科学规范的稳评制度关键在于：第一，自觉树立风险评估与危机管理的观念，重大项目建设尤其是涉及群众切身利益的可能激化社会矛盾，威胁社会稳定的重大决策事项都需要实现社会风险的评估。除了核电站、PX等高风险高污染项目，与群众现实生活紧密相关的安全风险如食品药品安全等，也需要进行科学化、系统性的稳评；第二，采用科学的稳评方法，应综合考虑官方意愿度和社会意愿度，对项目实际支撑等多方面的真实程度，针对不能容忍的风险如民风民俗禁忌、民众对特定事物的普遍性看法及耐受力状况、对利益全体最真实的反对程度等进行全面调查研究，预先分析可能影响社会秩序稳定的因素及其威胁程度，进而综合评定风险等级；第三，评管结合，只有借着以评促管、边评边管、先管后评等方式，才能使我国构建的社会稳定风险评估体系发挥应有的作用。

促进社会稳定风险评估体系的法律实施可以按照以下内容进行评估：第一，是否符合我国现行的法律、法规和规章，是否符合党和国家方针政策，这是构建社会稳定风险评估体系的最重要前提。在现实邻避困境中，很多诱发社会不稳定的因素，就是因其自身的不合法造成的，我国法律法规都对影响环境的重大项目建设有明确法律规定，而恰恰是在实际操作中总是与相关法律规定有偏差；第二，是否兼顾近期与远期的发展，重大事项建设是否符合当下社会发展客观规律，是否坚持科学发展、绿色发展和永续发展，能否照顾人民群众的普遍诉求，真正兼顾各方面利益诉求，是否平衡区域之间的发展。其实，在实际的环境邻避设施建设中，首先要注重近期利益与远期发展规划之间的结合，例如垃圾焚烧发电厂的建设，其不仅仅可能当下会产生环境污染，其对环境的影响也是一个长期过程，对于每天产生的大量城市垃圾，通过垃圾焚烧发电是一个有效解决的途径，但毋庸置疑的是必然要提高技术标准以及加强对相关污染物的治理，采取措施尽最大可能减少环境污染的发生，兼顾项目运营的长远发展利益。此外，在进行有碍环境保护的相关产业项目建设时，应对该产业的发展前景进行深入细致评估，综合性进行通盘考虑。否则一旦仓促运行，既可能大面积污染环境，又不大可能产生相应的期待经济效益，最终只能作为落后产能被淘汰掉，这会加重周边群众的不满。此种以牺牲周边环境为代价的项目建设，不但不能产生应有效益，反而会落入邻避冲突的窘境不能自拔，加剧了社会部分地区的不稳定性；第三，是否经过科学仔细的论证，是否为大多数群众所理解和接受，项目建设方是否能够承受，是否能够保持一定的连续性。涉及环境问题的重大公共项目建设必须事前经过广泛精细化的论证，仔细耐心听取相关专家意见，因为此类重大项目的建设关乎社会稳定和国计民生，必须具有前瞻性和预见力。此类项目建设必须受到多数群众的理解和支持，否则是无社会效益的，也背离了以人民为中心的发展宗旨，产生不了应有的社会效果。重大公共项目的建设往往具有投入巨大、建设周期长、效益回收期长的特点，因此必须事前进行合理预算，使项目建设方能承受，不至于投入太大之后，因资金断裂等原因而半途而废；只有保证一定的项目连续性，才会使该公共项目按预期规划产生社会效益；第四，考虑群众对该影响的承受能力，参考其对所在行业、所在区域的影响。

构建科学的社会稳定风险评估法律体系必须严格遵循如下五大评估原则：第一，必须坚持权责统一原则。由重大事项承办部门组织进行风险评估，按照"谁主管、谁负责""谁决策、谁负责""谁审批、谁负责"的要求，对评估结论负直接法律责任。只有明确的严格责任制度，才能为维护社会稳定风险评估体系的权威性提供制度保障；第二，始终遵循合法合理性原则。评估重大事项必须依照法律法规以及党和国家政策的规定，不能违法是底线。而且要做的公正、公开，具有公信力，让人民群众感受到其合法合理性，从而支持社会稳定风险评估法律体系建设，增进群众对环境邻避设施建设的善意理解；第三，真正做到科学和民主的统一。面对现实生活中环境污染频发的问题，相关邻避设施的建设必须依照既有的法律法规执行，加快专门性立法步伐，制定严格、科学、合理的社稳风险评估标准。而且，要进行深入的调查研究，多层次广范围的征求各方意见，实现定性评估与定量评估相结合，在实现充分科学论证的基础上，确保评估工作万无一失，减少在事后实施过程中出现的重大纰漏；第四，毫不动摇地贯彻以人为本的原则。科学发展观的核心要求就是以人为本，在习近平新时代中国特色社会主义理论的继起指导下，必须统筹考虑未来发展需要与人民群众的承受能力，考虑人民群众的当前利益与长远利益，确实保证发展为了人民，发展成果由人民共享，切实维护人民群众的合法权益；第五，兼顾公平与效益，正确处理好改革、发展与稳定的关系。在追求效益的同时兼顾公平，实现政治效益、经济效益、生态效益、社会效益的有机统一，多方位联动共同致力于构建国家社会稳定风险评估体系。[1]

构建社会稳定风险评估法律体系必须严格遵守评估程序，由评估主体制定评估方案，明确具体要求和工作目标。评估主体根据实际情况把拟决策事项，通过公示公告、听证会、论证会等多种形式，广泛征求各方面的意见，再进行科学的论证，准确预测和深入分析可能出现的不利于社会稳定的诸多因素。科学确定风险等级，把重大事项社会稳定风险按照严格标准划分为 A、B、C 三个等级，评估 A 级和 B 级的评估主体要制定化解风险的工作预案。评估主体要在充分评估论证的基础上，合理编制社会稳定风险评估报告，保证评估结论的权威、真实、可信。

综上，积极构建我国社会稳定风险评估法律体系，对于建设和谐社会和生态文明国家具有重大意义。构建和谐社会必然要注重维护社会的长期稳定，稳定是实现社会和谐共处的前提和基础。因此，必须加快推动我国的社会稳定风险评估纳入法律体系，完善技术体系，优化制度设计，加强专业能力建设，尽可能多地开展多种形式的宣传培训工作。只有这样才能真正维护社会秩序的稳定，把我国从环境邻避的困境中解脱出来，实现建设生态文明型国家的宏伟目标。

---

[1] 董幼鸿："重大事项社会稳定风险评估制度的实践与完善"，载《中国行政管理》2011 年第 12 期。

第八节　从邻避困境视角看我国环境
##　　　　司法裁判法律制度的实施

自2016年7月，最高人民法院发布了首部《中国环境资源审判（白皮书）》，并取得了良好的社会效果，也由此形成惯例。2017年7月13日，《中国环境资源审判（2016-2017）（白皮书）》及《中国环境司法发展报告（2015-2017）》发布。《中国环境资源审判（2016-2017）（白皮书）》第一部分详细介绍了人民法院充分发挥审判职能作用，依法审理环境资源刑事、民事、行政案件的情况。2016年7月至2017年6月，各级人民法院共受理环境资源刑事案件16 373件，审理结案13 895件，给予相关行为人刑事责任处罚27 384人次。受理各类环境资源民事案件187 753件，审结15 152件，并发布四起环境资源民事典型案例。受理各类环境资源行政案件39 740件，审结29 232件，并发布两起环境资源行政典型案例，督促国家各级行政机关依法及时有效履行监管职权，严厉查处和打击破坏生态环境的违法行为。第二部分详细介绍了各级人民法院维护公共利益和国家利益，依法审理环境公益诉讼案件和省级政府生态环境损害赔偿诉讼案件的情况，其中腾格里沙漠污染系列环境公益诉讼案件被确定为指导性案例。通过深入研究最高人民法院发布的白皮书不难发现，近年来人民法院积极推进环境资源审判专门体系建设。资料显示，截至2017年4月，我国各级人民法院共设立环境资源审判庭、合议庭和巡回法庭956个，并且推进环境资源案件集中管辖和归口审理，积极推进构建多元共治机制。各级人民法院努力参与环境资源法制保障建设，积极参与环境立法，加强重点理论研究，积极做好司法保障工作，深化完善群众参与制度，积极开展对外交流，各级人民法院在

第二章 我国应对环境邻避冲突的法律实施状况

国家全方位外交格局和"一带一路"倡议的引领下，积极走出国门，学习外国的先进经验，在严格执行国内环境资源法律制度的同时，充分尊重和适用中国签署的国际公约和国际条约，积极承担国际责任和义务。[1]

根据上述最高人民法院发布的案件审理数据显示，目前我国对环境资源违法行为的打击力度越来越大，取得的成果也越来越明显。《中国环境资源审判》（白皮书）的年度性发布，也表明我国司法所机关对生态资源环境重视和保护程度的不断提升。然而，看见取得巨大成绩的同时，我国环境资源司法保护的起步较晚，其司法保护体系在特定领域的不彰也是明显的，这在面对严峻的邻避冲突事件时往往体现得也更充分。

从当下面临的邻避困境视角来看，最高人民法院和地方各级人民法院审理和发布的典型环境资源审判案例，都是各级人民法院依照法律规定，综合考虑多种因素谨慎理性作出的，对现实中的邻避冲突问题解决具有一定的参考价值。解决环境资源群体性纠纷是极其复杂的，各级司法机关需要实事求是，考虑各个地方的不同特点和实际情况，因地制宜、合法合理地运用好司法权。在环境邻避冲突困境下推动我国环境资源司法裁判的法律实施，对改善环境质量，健全司法保障体系具有极为重要的作用。首先，应扩大环境资源保护案件的受理范围，不能人为限制环境污染案件的受案范围，不能使部分新类型的环境污染行为得不到应有的惩罚，不能使部分环境污染危害性暂时还较小的案件得不到足够重视；其次，人民法院应根据实际情况稳步推进环境资源审判专门体系建设，健全各类专门的审判庭、合议庭和巡回法庭运行保障机制和人员配备。各地高级

---

[1] 参见《中国环境资源审判（2016-2017）（白皮书）》及《中国环境司法发展报告（2015-2017）》。

人民法院应积极探索环境资源案件的集中管辖模式，深入推进辖区内环境资源案件跨区域、跨流域的集中管辖，并逐步实施环境资源刑事、民事、行政案件由一个审判团队负责审理的"三合一"归口审理模式，这对我们审判人员的综合专业素质也提出了更高要求，但这是现实迫切需求的必然结果；再次，最高人民法院通过联合发布司法解释，开展调查研究等方式，积极与最高人民检察院、自然资源部、生态环境部、国家林业和草原局、司法部等有关部门积极协调联动。目前，造成我国一些地区环境邻避困境的因素多种多样，也非常纷繁复杂，这需要国家各相关部门的积极参与和互相配合，并且充分调动人民群众的积极性，努力构建有利于环境资源审判的外部制度环境；最后，最高人民法院应发挥自身优势，积极参与环境立法，为提高我国环境立法质量，完善我国环境立法体系作出应有的贡献。而且，要加强对相关前沿邻避理论研究和重点区域邻避纠纷环境资源审判的司法保障，积极推进我国特定领域内环境资源审判理论创新。

"中国式邻避治理"模式下的邻避困境分析与前景预期

CHAPTER 3
第三章

第一节 从具体真实个案看政府"应急式"邻避应对模式及其现实困境（2006年之前）

一、"应急式"邻避应对模式的分析

2001年浙江省东阳市在其辖区内的画水镇建立了一个产业工业园，并陆续引进13家化工企业，期间因环境质量每况愈下，画水镇居民多次向当地政府反映情况均告无果。2005年2月，居民开始自发组织搭建竹棚拦截在公路进出口，干扰化工厂的经营，并要求化工厂搬离画水镇。同年4月10日，政府动员了上千名执法人员和几十辆警车，对各堵塞路口进行强拆，但与闻讯而来的上万名居民发生冲突，警车全数被砸，百余人员受伤。事件发生后，浙江省金华市、东阳市等主要负责领导被全部免职，化工企业停工，部分居民有的被批捕，之后东阳市的地方经济陷入长达10年的低迷期。这是在2007年厦门PX事件之前，较典型的环境邻避冲突真实案例，在整个事件过程中，该地地方政府完整地展现了其对邻避冲突问题"决定—宣布—辩护"的思路。还表现在事件发生的前期，对于邻避设施进行了封闭式的决策，不与当地居民进行过多的沟通，并坚信

国家权力可以为政府决策实施扫清一切障碍，但在邻避冲突升级到失控状态时，结果只能是两败俱伤，最终罢免多名当地政府官员，满足所在地居民的所有合理诉求。

进入 21 世纪，随着我国现代化进程不断加快，环境问题也变得日益突出，越来越多的环境邻避冲突事件不断发生，这使我国各级政府在治理环境邻避困境时在路径选择上呈现出多样化发展趋势，但毋庸讳言的是"应急式""维稳式"邻避应对模式仍是当下我国治理此类冲突的主流，只不过会在稳定住当地局势的前提下适度运用柔性化方式在反复博弈中寻求最大的共识，但同时如果处理不好，也面临着始终逃脱不了"一建就闹，一闹就停"的怪圈。在厦门 PX 事件之后，虽然也出现了如浙江余杭中泰垃圾焚烧厂项目、湖北仙桃垃圾焚烧发电项目等部分处理还算成功的案例，但这些都是在事后总结深刻经验教训的基础上实现的；如果不是重新制定可行政策，当地政府降低姿态，柔性和善地积极与当地民众展开沟通，重新实现取信于民，那么事后的达成协议项目重新上马也是不可能的。

2006 年之前，我国政府面对邻避冲突问题时主要采取"应急式"邻避应对模式，根据其时间流程也可以形象地将其称为"决定—宣布—辩护"模式，即通过政府聘请技术专家论证立项，取得上级部门审批后再进行建设，这一过程中相关的选址、审批、建设等都由政府拍板决定并加以推进，程序与决策过程都处于不透明状态，当民众发觉项目建设端倪并开始抵制抗议时，当地政府部门又以行政强制的手段控制局势，当事态进一步恶化，所在地政府则开始为自己辩解，陈述其合理化理由，并与公众进行谈判，为快速平息事件，又再次进行调整性快速决策。造成这样一种刚性邻避危机处断模式的主因有二：一是在于我国很多地方政府将邻避设施规划、选址、建设简单地视为技术层面问题，认为只要符合社会整体利益和专家论证能通过就可以，对涉地周边民众只需通知就可以，没太顾忌其实际利益保护，所以当时很多邻避项目的建设总是采取事先隐瞒而后迫不得已公布的方式，当然因为这种"先斩后奏"的做法是以损害民众知情权、参与权等相关权利为基础的，这也成为后续民众进行不同程度抗议的重要原因之一。二是地方政府对于邻避事件存在刻板印象，讳莫如深，始终将邻避运动视为影响地方发展和社会稳定的负面事件，更是阻碍政府相关职能履行、破坏政府公众形象的"负能量"，对此更是需要当地政府特别地加以管控规制[1]。由此，部分地方政府把本需民众有序参与的一些内容都大包大揽，由选定代表进行形式化表决就予以认可，并坦然地认为这种"反映民声"的方式是最好的解决之法。但随着我国公民权利意识和环保理念的提升，这种封闭式的邻避决策和"应急式"邻避应对模式已不完全适用当下我国的邻避冲突治理社情和环境了。

二、环境邻避冲突案例中所面临的主要困境

在对具体邻避困境展开深入分析之前，需要明晰在邻避冲突治理中反复出现的几个概念，即邻避设施、邻避效应、邻避诉求、邻避决策、邻避冲突，对之加以区别性辨识，有利于避免后续展开具体分析时的一头雾水。对于给周边居民日常生活和健康造成或可能造成相应负面影响的公共设施就是邻避设施。依照莫洛奇的"城市增长联盟理论"，在邻避冲突问题中代表"增长联盟"一方的政府、企业等，对于邻避设施的解读是建立

---

〔1〕 王佃利等："从'邻避管控'到'邻避治理'：中国邻避问题治理路径转型"，载《中国行政管理》2017年第5期。

在社会整体利益的"正外部性"和城市建设规划的"技术理性"之上的;而代表"反增长联盟"的社区、民众等,则是将解读建立在社会个体利益的"负外部性"以及建设规划的"政治强制性"之上的,从而双方就内容解读等诸多方面展开持久的博弈[1]。邻避效应,是指由邻避设施而引发的设施风险认识,不同的角度认知内容也差异较大。因为"增长联盟"一方有相应的专家,其基于专业知识背景和充足的信息来源,更多的是客观评价和定义邻避设施所能带来的风险系数,邻避设施发生事故的技术性概率和指标是专家们和政府、企业常挂口边的术语和数据。但对于没有专业知识储备和充足信息来源的"反增长联盟"成员而言,只能凭借自己的主观判断和零星相关知识进行认知,通过现代化传播手段,加剧内心的危险倾向性,最终在一定规模的民众范围内引起对邻避设施危险性的共鸣。邻避诉求,就是两个联盟之间不同的利益主体针对邻避设施的认知进一步外化为具体利益诉求,具体而言就是"增长联盟"以邻避设施能带来的整体社会效益和设施运行的低风险性作为支持建设邻避设施的论据,并从经济层面、社区生活、地方发展战略等诸多领域进一步论证项目建设的必要性。在"反增长联盟"一方则以个体价值判断,诉诸邻避设施的建设和运行对周边社区及民众的负外部性,作为其反对建设邻避设施的论据,并将问题纳入时间维度,把子孙后代生存、环境权益等引入讨论,使论述的合理性也超越了个体价值。邻避决策,是整个邻避治理的关键,也是邻避冲突爆发的重要原因。双方联盟的利益主体对于邻避设施的利益诉求,其实质就是在争夺邻避决策的话语权,所以通常以政府为首的"增长联盟"会选择以封闭

---

[1] 葛晓龙、刘姣:"中国的邻避困境及其治理路径研究",载《经贸实践》2018年第12期。

第三章 "中国式邻避治理"模式下的邻避困境分析与前景预期

决策的方式，最终决定邻避设施的建设与否，这样可保证邻避决策话语权不致旁落。但"反增长联盟"却是希望这一过程变得公开透明，最好能够使自己参与其中，将声音发出去并对最终决策施加一定影响力。前述几个概念都厘清之后，对于邻避冲突的发生也就不言而喻了，各方利益主体都希望掌握一定的话语权，但"增长联盟"处于优势地位，把握决策话语权，采用封闭决策的方式，杜绝了"反增长联盟"争夺话语权的机会，于是"反增长联盟"只能诉诸街头政治，最终导致邻避冲突发生。

在邻避冲突发生的整个过程中，也是"增长联盟"和"反增长联盟"反复博弈的过程。政府作为管理者仅看到或关注邻避设施这一特殊公共设施的建设一旦遇到阻碍，可能带来的负面社会影响和对政府管理造成的障碍，而进行管控手段的事先介入，本着传统的"牧民管控"思维进行"先斩后奏式"的建设和决策，争取在民意沸腾前将项目完成。恰恰是这样，在公民意识已经普遍觉醒的当下，反倒激化了双方的矛盾，并最终导致邻避冲突的发生。这种邻避困境的形成有其背后的形成逻辑。国外学者布劳德本特（Broadbent）早在20世纪就对其进行研究，并得出邻避冲突产生的原因和逻辑源于多种因素，如社区居民的自私、狭隘与非理性，民众对政府或者项目投资者的不信任，未知风险过高，恶意的传导或者误导，政府无法有效降低邻避设施的负外部性，社区周边的环境品质难以恢复等问题[1]。因此，难以从单一视角审视我国的繁复性邻避困境，现实需要我们多视角、多角度地平衡理性分析当下我国的环境邻避困境。

---

[1] 孙丽明："邻避冲突中的政治机会结构分析"，山东大学2017年硕士学位论文。

从民主政治角度看，部分学者认为邻避困境的形成原因是"威权式"政府模式下决策的封闭性，缺乏公民参与，弱化政治对话，同时又由于公民权利意识的觉醒以及现代民主政治的发展致使矛盾产生，形成邻避困境。从社会政治角度看，公共价值的失灵即政府主导的经济价值以一种强逻辑的姿态挤压，社会遵循的价值致使社会价值失灵，使得邻避决策主体出现"主观同质性"而缺乏代表性，在决策思维中，仍是一以贯之的管控式思维，决策过程中，形式化决策泛滥[1]。从经济学角度看，邻避困境形成的最主要理性因子就是"经济人"的假设考虑，追求个体利益最大化是人类行为基本出发点，在邻避困境中亦是如此。经济补偿或者利益分配越多，陷入困境爆发邻避冲突的可能性越低，就是因为政府、企业在分割邻避设施这块蛋糕时，分配不均，导致邻避困境[2]。从风险管理或者冲突管理的角度看，学者认为困境的形成是由于没有有效的风险管理机制（公众参与、严格的环保标准）、消减风险系数的补偿机制和有关责任单位的应急回应机制。从空间规划角度看，由于没有科学合理的选址空间布局和制度性安排，如补偿、参与选址决策等导致困境形成。从环境正义角度看，邻避设施负外部性的承受者和其所带来的社会福祉效益的享受者不相一致，设施地民众天然存在利益缺损，且政府、企业、民众这三方主体的利益未能处于平衡状态，最终会导致民众反对邻避设施的建立[3]。究其根本，形成我国特定时期的环境邻避困境原因，不外乎如

---

[1] 王佃利、王铮："城市治理中邻避问题的公共价值失灵"，载《社会科学文摘》2018年第8期。

[2] 康伟、杜蕾："邻避冲突中的利益相关者演化博弈分析——以污染类邻避设施为例"，载《运筹与管理》2018年第3期。

[3] 孙丽明："邻避冲突中的政治机会结构分析"，山东大学2017年硕士学位论文。

第三章 "中国式邻避治理"模式下的邻避困境分析与前景预期

下这四个方面:

1. 信任困境

我国台湾地区学者黄锦堂和丘昌泰在总结台湾地区的邻避监管制度和回馈金制度时,认为邻避设施周边民众与政府、企业之间的信任至关重要[1]。台湾地区有一家可供结婚、上课培训的八里垃圾焚烧厂,就是此种典范,该垃圾焚烧厂由著名建筑家贝聿铭设计建造,建设初始,遭到当地居民强烈的抵制反抗,但现在这里俨然成了当地的旅游景点。取得设施地周边居民的信任就是设施现在运行良好的秘籍,垃圾焚烧厂对于内部运营操作严格进行监管,并时时向当地民众和政府传送烟气排放数据,不定期地举行核查会议,让民众参与垃圾焚烧厂的运营监督。久而久之,民众对这座之前谈虎色变的邻避设施,变得认同,对企业和政府的宣传,变得相信,邻避冲突自然而然就消弭殆尽了[2]。回避不是解决问题的途径,培养彼此的信任才是解决问题的根本。民众一方与政府、企业一方获得资讯、信息的不对称性,使得政府、企业再多的解释和承诺不过是在自说自话。拓宽民众资讯获取渠道的关键,不能让民众被在网络上的自媒体带有偏见性和煽动性的言论所裹挟,在这方面我国也有成功先例,浙江杭州余杭垃圾焚烧厂项目就是可供深入学习研究的范例。2014年,由于余杭垃圾焚烧厂选址地周边民众担心自身健康受到负面影响,在部分不法分子的煽动和宣传下,出现了打砸暴动事件,事发后,杭州市政府马上召开新闻发布会,宣布项目必须在取得选址地民众理解信任的基础上开

---

[1] 丘昌泰等:《解析邻避情结与政治》,翰芦图书出版有限公司2006年版,第3~10页。

[2] 黄馨瑶:"破解邻避困境的法律机制研究",广东外语外贸大学2017年硕士学位论文。

工,后来地方政府持续性的开展选址地民众走出去调研学习工作,并加强对于项目的客观介绍,通过地毯式的介绍、说明使选址地居民在眼见的基础上耳听,采取的柔性手段逐步开始对选址地周边民众产生潜移默化影响,最终使得项目得以重新上马,并顺利运行至今。邻避项目建设地官民信任的建立不是一蹴而就的,循序渐进地拓宽民众获取相关邻避设施的资讯渠道,适时引入第三方评估机构,强化民众对获取的资讯信息的可信度,在加深了解和逐步信任的过程中才能走出民众与政府、企业的信任困境,进而打破邻避困局。

2. 参与困境

参与度得不到保障是谈论邻避问题不变的话题,也是面临诸多困境中最具基础性的一个。没有有效的公众参与,谈不上彼此信任的建立,谈不上有效监管的形成,更谈不上邻避治理中的协商民主。在不同维度看待参与度问题,其实可以分为公众参与、企业参与和社会组织参与,公众和社会组织的参与度低可以理解,但企业作为邻避设施的实际运营方,其参与度应当不低,但在实际中企业参与度也不是很高。因为我国现实的社会功能分化,将社会政治系统的政府一方权能放大,其社会功能有时不仅体现在为社会提供具有集体约束力的决定,更会通过外向媒介的权力直接干预本应由企业进行运作的市场。邻避设施运作本应是项目化和市场化的,但相应的企业却躲在政府背后,出于拉高 GDP、政绩需要、招商引资或其他种种目的,政府从前期的选址到清场、民众沟通、福利补偿等,都是以一己之力完成的,相关审批工作的公正性、中立性也因为前述的种种越界行为而不由使人生出几分怀疑[1]。"上帝的归上帝,恺撒

---

[1] 张文龙:"中国式邻避困局的解决之道:基于法律供给侧视角",载《法律科学(西北政法大学学报)》2017 年第 2 期。

第三章 "中国式邻避治理"模式下的邻避困境分析与前景预期

的归恺撒",在邻避设施的兴建过程中,该中立的政府就该以公正、公开、公平的行政审批手段去事前监管企业,该由企业所做的民众沟通工作和补偿承诺就应该让企业去做。虽然,在2003年我国就已经施行的《环境影响评价法》第5条[1]和2015年原环境保护部通过的《环境保护公众参与办法》规定对于涉及环境问题的项目,可以通过征求意见、问卷调查,组织召开座谈会、专家论证会、听证会等方式征求公民、法人和其他组织对环境保护相关事项或者活动的意见和建议[2]。但实际中,民众参与的结果却是不尽如人意,以2014年的广州茂名PX推广会来说,与会人数只有50名,而这其中还含有地方政府内定的代表,这样的听证会或者推广会能体现的民意多少还是掺了不少水分的[3];相较于这种形式民主,在2007年之前,大多数地方政府是不习惯这种操作的,毕竟法律规定的是"可以组织""可以征求",这种授权性的规定,地方政府自然乐意放弃这部分权责。真正能够体现民意的听证会、座谈会或者调研协商,往往就是在发生邻避冲突后,地方政府采取"亡羊补牢"式的补救措施中有所体现。若"事后诸葛"的公众参与都能变成"事前诸葛"的民主听证,或许邻避冲突在我国地方上会减少许多。

社会组织(NGO)的参与也是走出邻避困境必不可少的途径,在我国部分较典型的邻避事件中,都有社会组织的身影,

---

[1]《环境影响评价法》第5条规定:"国家鼓励有关单位、专家和公众以适当方式参与环境影响评价。"

[2]《环境保护公众参与办法》第4条规定:"环境保护主管部门可以通过征求意见、问卷调查,组织召开座谈会、专家论证会、听证会等方式征求公民、法人和其他组织对环境保护相关事项或者活动的意见和建议。公民、法人和其他组织可以通过电话、信函、传真、网络等方式向环境保护主管部门提出意见和建议。"

[3] 杨锐:"环境法视域下我国邻避冲突治理机制研究",山东师范大学2018年硕士学位论文。

如厦门 PX 事件中"还我厦门碧水蓝天"组织，江阴港集装箱公司污染事件中的"中华环保联合会"组织，天津蓟县垃圾焚烧项目中的"自然之友"组织等[1]。第三方介入是公共冲突中常用的解决手段。因为冲突双方由于利益纠葛有时无法有效地直接进行谈判，引入中立的第三方公益组织为冲突双方提供相应帮助；由于中立的第三方组织与冲突双方都没有直接的利益牵扯，所以在其促成的调解和管理中具有一定的公正性、权威性，有利于冲突双方的接受。这种缓解邻避冲突紧张气氛，强化冲突双方沟通协调，修补彼此关系，打破谈判僵局的第三方介入方案，深受国内外学者好评。但在我国却存在一种窘迫的局面，为我国官方认可并能参与邻避事件参与治理的社会组织较少，而且大多是那种临时、自发的非正式社会组织，如"还我厦门碧水蓝天"组织或者邻避设施周边民众的代表成员组织；这些组织参与冲突解决时，开始往往易被边缘化，无法形成与官方有效的沟通机制。部分民间非营利社会组织在当地政府面前，其"民间性"始终是无法避开的沟通鸿沟；在沟通过程中其与其他非正式社会组织地位一样，除非该社会组织有相应的官方背景，但现实中此类社会组织由于种种限制，又少有机会参与到这些地方敏感问题的治理中，所以社会组织这一重要的第三方在我国目前所处的尴尬地位，使其参与邻避冲突治理时，力度和效果有时也并不是那么明显，但其在特定地区邻避困境治理的效用仍是不可忽视的，未来政府应加强对部分值得官民双方信赖的非正式社会组织建设，发挥其积极作用。

3. 规制困境

邻避设施根据预期损失和不确定性等维度，学者陶鹏、童

---

[1] 张勇杰："邻避冲突中环保 NGO 参与作用的效果及其限度——基于国内十个典型案例的考察"，载《中国行政管理》2018 年第 1 期。

第三章 "中国式邻避治理"模式下的邻避困境分析与前景预期

星等将其划分为四种不同类型,即污染类邻避设施(垃圾焚烧厂、磁悬浮等)、风险类邻避设施(化工厂、核设施等)、心理不悦类邻避设施(监狱等)、污名类邻避设施(墓地、殡仪馆等)[1],后两类发生邻避冲突的概率和规模远不及前两类,所以在相关法律法规的设定上对后两类邻避设施的问题一般关注的不多,立法也主要集中在前两类邻避设施所存问题中。相较于以往,目前立法设计在注重公民环境权益保护中已有所完善,如《环境保护法》第五章专章规定信息公开和公众参与制度;但相应的权利设置还是较抽象,具体的法律后果和责任则缺乏威慑力和应有力度,且当下制度化的诉讼解决途径很少,在司法活动中缺少相应的救济空间,因此在部分民众环境权受到侵犯时,无论是《侵权责任法》还是其他环保类的法律法规,均未对这种邻避冲突情形所涉案件处理作出规定,一些民众唯一能做的或许也只能是在多方求助无援的条件下诉诸自力救济,在邻避冲突中,就有可能逐渐演化为"街头政治""集体散步"。而恰恰也是因为这种"街头政治"等形式,使当地政府在邻避冲突处置初期不会认为是民众的正当诉求,反而容易将集群民众视为"环保流氓",并习惯性采取刚性维稳手段予以解决,使当地政府与涉事民众之间的对话沟通成为不可能。

同时,对于邻避设施运行中的技术性标准,我国虽有较规范的法律法规进行规制,如《生活垃圾焚烧污染控制标准(GB 18485-2014)》《环境空气挥发性有机物气相色谱连续监测系统技术要求及检测方法(HJ 1010-2018)》《医疗废物高温蒸汽集中处理工程技术规范(试行)(HJ/T 276-2006)》《环境工程技术规范制订技术导则(HJ 526-2010)》等,但相应细节部分还

---

[1] 陶鹏、童星:"邻避型群体性事件及其治理",载《南京社会科学》2010年第8期。

需要各地方政府具体出台相应管理办法或者条例加强这些技术标准的可操作性[1]。技术标准的制订，是为了相关邻避设施运行的安全性以及弱化设施的环境负外部性，在技术标准和技术能力不大成问题的情况下，邻避设施的建设仍受到当地民众非议和抵制，究其根本是因为这些技术标准实施起来还缺乏行之有效的事后监管，"建设国际高标准，运行自己定标准"是我国许多邻避设施建设和实际运营的现状，由此，对于邻避设施运行的监管法律法规还是太少了。对于相应的邻避补偿机制，由于缺乏上位法的明确规定，部分地方政府和企业很少主动向设施选址地民众提出经济补偿或者其他福利待遇问题，习惯性地在民众出现抗议时，经济补偿才会紧急上架，必要的福利待遇也不得不兑现，这种"会哭的孩子有糖吃"的现象，也在某种程度上鼓励着当地民众的"积极抗争"；从客观角度而言，邻避现象治理中如果相应的补偿、福利予以明确化，有章可循，补偿到位的话，特定地区民众因追求利益最大化而参与邻避运动的可能性将会很小。[2]

4. 社会困境

基于人际关系学说，美国管理学家梅奥提出了"社会人"假设，即人作为一个社会成员，除了物质需求还有社会需求，该理论的核心在于人生活于社会之中，应当参与社会公共事务，这是具有一定的社会需求性的必然要求[3]。有时民众对于社会关系联结性的认同感是大于经济收益或者政治收益的，一些民

---

[1] 杨锐："环境法视域下我国邻避冲突治理机制研究"，山东师范大学 2018 年硕士学位论文。

[2] 当然，这不能完全排除个别群众不在意自身经济利益的公益抗争行为的存在。

[3] 罗睿："地方政府邻避冲突的治理困境及对策探究"，湖南大学 2018 年硕士学位论文。

众在参与邻避运动中首先是基于自己的社会认知，凭借自己的过往经验和获得的相关信息，对邻避设施的危险性作出判断，并在社区中进行这种经验判断的信息共享，慢慢地在涉及的社区中就会凝聚共识性目标，这也是邻避冲突从潜伏期到爆发期的一个过程。单一的参与主体和手段促使事态持续性恶化，主体问题也就是前述的参与问题，而手段问题就是这里的社会问题，因为通过"社会人"假设理论，民众是需要参与社会活动，并打破这种在社区信息共享过程形成的思维偏见，这里除了参与之外，在手段中还需要政府真正摒弃以往的"牧民"思维和强制性手段，建立起"多中心"的邻避协同治理模式，使民众从困境博弈的对立中走出来，也促使一些民众遗忘或放弃可能采取的激进化集体行动逻辑。逐步形成各相关利益主体自由平等的理性合作关系，最终通过协商民主形式在邻避设施公共决策中有效减少冲突危机发生，走出西方学者所说的政府、企业面临的邻避"塔西佗陷阱"。

第二节　从真实个案看政府"维稳式"邻避应对模式及其现实困境（2006—2012年）

一、模式分析

在2006-2012年这一时间段，邻避设施成为我国一些城市建设中的主要矛盾。其社会影响迅速扩大，政府、企业、民众等多方逐步陷入邻避困境这一怪圈。当时，我国的邻避事件爆发次数持续增加，其中的暴力因素不断增强，涉及的地域范围也明显扩大，环境邻避冲突逐渐成为我国不可忽视的时代挑战。政府在这阶段的应对方式上，逐步形成了借助于"摆平—妥协"

二元策略，以维稳为治理底线的"维稳式"邻避应对管控模式。这种"维稳式"应对模式具有如下两大特征：

第一，重视邻避事件的特殊性，逐渐完善技术规制手段。面对垃圾处置等邻避问题高发领域，地方政府逐渐认识到邻避设施建设的特殊性，力图通过制定行政法规的方式规范邻避类设施的建设及运营程序。例如，我国政府制定并出台了《城乡规划法》（2007年通过，2015年修正，2019年修正）、《水污染防治法》（1984年发布，1996年修正，2008年修订，2017年修正）等相关法律。[1]《城乡规划法》中就明确规定，任何单位和个人都有权就涉及其利害关系的建设活动是否符合规划要求向城乡规划主管部门查询，都有权向城乡规划主管部门或者其他有关部门举报或者控告违反城乡规划的行为。[2]这就推导出民众在涉及自身利益时对邻避设施规划的知情权和监督权，为民众在邻避问题中维护自身合法权益提供了有力法律保障。针对垃圾处理场、医疗废物回收站等邻避设施可能带来的诸如污染环境、危害健康等负外部性问题，我国出台了包括《生活垃圾填埋场污染控制标准》（GB16889-2008）、《医疗废物高温蒸汽集中处理工程技术规范（试行）》（HJ/T276-2006）等一系列的规范性文件，这些文件旨在技术层面规范邻避设施选址、建设、运营等环节的同时，拓宽了技术规制的领域范围，由原来的关注环保类设施建设，也拓宽到关注医疗废物处理等特种领域。这些规范性文件与技术规制方式的细化完善，意味着政府正在逐渐转变以前对待"环境类群体性事件"的传统观念，邻

---

[1] 王佃利等：《邻避困境：城市治理的挑战与转型》，北京大学出版社2017年版，第261页。

[2] 王佃利等：《邻避困境：城市治理的挑战与转型》，北京大学出版社2017年版，第263页。

第三章 "中国式邻避治理"模式下的邻避困境分析与前景预期

避设施建设和运行的特殊性得到了一定重视，也标志着政府开始有意识、有策略地应对邻避问题的开端。

第二，应对程序的规范意识涌现，但仍习惯于强硬的维稳处置方式。为增强垃圾处理场等邻避设施在规划、建设、运营等环节的决策规范性，我国一些经济发达地区的地方政府及时制定了具有更强适用性和可操作性的地方性规范，逐步开始重视邻避应对程序的规范性问题。例如《上海市城市生活垃圾收运处置管理办法》于 2008 年 11 月 1 日实施，《北京市生活垃圾管理条例》自 2012 年 3 月 1 日起正式实施[1]。此外，《广州市城市生活垃圾分类管理暂行规定》作为国内第一部城市生活垃圾分类管理方面的政府规章，明确规定："城市生活垃圾分类收集、运输、处置过程中，环境卫生作业单位应当采取有效的污染防治措施，防止产生二次污染……处置有害垃圾必须符合国家有关危险废物收集、贮存、运输、处理的规定。"[2] 同时，该规定对于举报投诉的处置流程等进行了较明确规定，在一定程度上增强了地方政府在邻避问题上的应对能力。可见，地方政府力图通过不同类型规范的制定和完善，在邻避问题应对方面逐步走向了有法可依、有章可循之路，并逐步建立起程序性、规范性应对模式，"见招拆招"的应急色彩有所淡化。但与此同时，多数地方政府在解决邻避问题时，常会依然借助于强制手段加以解决，体现出明显的"维稳"色彩。

---

[1] 新修订的《北京市生活垃圾管理条例》将于 2020 年 5 月 1 日实施，这是该《条例》制定出台后的首次修订。修订后的《条例》首次明确，单位和个人是生活垃圾分类投放的责任主体，并对个人违法投放垃圾的行为，实行教育和处罚相结合。违规投放的个人"屡教不改"，最高可处 200 元罚款。此外，要求餐馆、旅馆不得主动提供一次性用品，并对"混装混运"现象加大了处罚力度。

[2] 王佃利等：《邻避困境：城市治理的挑战与转型》，北京大学出版社 2017 年版，第 266 页。

二、近年应对失败的典型邻避案例分析

2007年5月,厦门腾龙PX项目将开工的消息不胫而走,随之"PX属危险化学品和高致癌物,对胎儿有极高的致畸率","PX据说能抵得上1000枚导弹的威力"等流言蜚语也在厦门市民中广为扩散;2007年6月1日,数千名激愤的厦门市民以"散步"的形式上街游行,表达反对在厦门建设PX化工项目的诉求;2007年12月16日,福建省政府针对厦门PX项目问题召开专项会议,会议决定迁建PX项目。[1]在民众得知PX项目被媒体形容为"令人闻风丧胆的终极绝杀项目"后,顺势提出强烈要求搬迁项目或者停止该项目。没几年之后,2011年8月14日,大连市委市政府公开要求当地的PX项目建设立即停产,并承诺对该项目进行搬迁,这类几个典型的PX项目处置事件最后的结果都是以政府的最终妥协收场。

第一,民众对"邻避运动"的风险认知是不能忽视的。想要对邻避运动进行研究,那就不得不研究一下邻避运动中的重要概念——风险。一方面,任何邻避设施都是存在风险的;另一方面,缓解邻避冲突的重要途径就是要降低潜在和已存的风险。但究竟什么是风险、有无风险以及程度如何,对此不同群体存在大不相同的解读。技术风险可以实际度量,但感知风险却难以度量。对于民众来说,对风险的认知可能仅停留于表面,对风险他们更多是一种主观的心理感受,并且极易受到媒体舆论导向等外界因素干扰,而政策制定者和专家们往往是站在专业技术角度,依赖自己的专业知识和过往经验去认知风险。"当

---

[1] 邓君韬:"'邻避运动'视野下PX项目事件审视",载《湖南社会科学》2013年第5期。

第三章 "中国式邻避治理"模式下的邻避困境分析与前景预期

面对一个具体的、涉及诸多专业知识与科学决策方法的现实公共问题,既涉及初始选择权的价值立场,也涉及后续选择方案是否科学、可行,这绝非喧闹的网络'口水仗'或聚集的示威施压可以解决的。"[1]以 PX 项目为例,对于 PX 项目的安全性目前仍有不同的声音。媒体对外宣称 PX 项目有毒,已发生泄露事故并造成火灾,但以现在的科技水平来看,可以确定 PX 项目有毒但非剧毒,虽然有着沸点相对较高、挥发性相对较低、发生泄漏事故后容易失火造成火灾的特性,但却并非是导致爆炸的罪魁祸首。再看 PX 项目的致癌性,在国际评估化学品致癌的权威机构对包括 PX 在内的整个二甲苯类物质进行评估后,其没有得到任何能确定 PX 致癌的数据,并没有充分证据将其定性为具有致癌性的物质,反而应将其归于第三类致癌物质,即是缺乏对人体致癌性证据的物质;但欧盟把 PX 列为有害品的主因是当人体吸入过量 PX 时,对上呼吸道以及眼睛有较大刺激作用,让人体器官产生一定的不适状。

上述证明:一方面,正是因为在科技风险测量上无法得出确切结论,一些模棱两可的回答使民众更愿意相信"有毒""失火""爆炸""致癌"等令人闻风丧胆的词语。民众对于这类可能侵害自身利益的东西往往极为敏感,甚至无限放大它的副作用。另一方面,对于 PX 安全性界定的标准尚未统一,究竟哪种程度算得上是"毒"——致病、致癌抑或是致死?民众可接受的毒性程度又是什么标准?企业在污染防控、无害处理、排污处置等环节又能做到何种程度?这都需要当地政府和涉事企业本着公开透明的原则积极进行解疑释惑,必要时可由第三方社会机构进行中立性科学解释,以促进民众对"邻避运动"的风

---

[1] 邓君韬、张荣荣:"民意表达机制与街头政治模式探析——兼论厦门、成都两市 PX 项目政府处理策略",载《消费导刊》2011 年第 12 期。

险形成科学认知。

第二,当下的邻避项目决策模式仍问题不少。一般来说,目前在政府参与的多数项目中,在选址规划阶段主要是依据业内人士——"专家意见"进行封闭式决策。所为封闭式决策,就是没有充分地与民众协商、沟通,完全由政府依据专业人士的意见直接作出决定,民众接到的只是一纸通知。政府方面挑选出他们认为的最优选址,然后以"别无二选"的姿态对外公布,此种公示甚至有时很少能为公众在意,因为绝大多数人并不会仔细阅读政府网站上的相关公告,或者很少关注政府网站上的公告信息,而一些地方政府也往往很少面向公众作出有效宣传或是主动释疑。

但等到项目公示后甚至到运营该项目时,由于新闻媒体抑或所谓"内部人士"的"爆料",这才引起周围社区民众的关注。此时,即便是政府出面澄清,进行再多再细的解释,恐怕也难以达到预期效果。因为民众往往更愿意选择相信他们愿意相信的,依赖于他们的主观意识倾向,而他们更倾向于相信他们首次接触到的、抑或是片面甚至是更夸张的所谓"内部爆料",并认为这些都是"被遮蔽""被封锁"的信息,是他们平时所无法得知的信息,因而这种被"爆料"出来的信息有了更神秘且珍贵的色彩,让民众更敏感的嗅到这些信息的与众不同,从而认定这就是真相。随后而来的就是舆论抗争、游行抗议,通过各种各样的途径以表不满。这种不满,除了政府的这些决策可能侵害到自身权益,或许还夹杂着一些"做决定之前为何不与我们商量"的愤怒。直到民众抗议行为衍生为公共环境冲突事件后,政府才开始着手"救火",采用"维稳式"方式与民众接触,甚至是刚性回应。于是,出现了政府上下对这类事件的发生,一般都采用这种"决定—宣布—辩护"的项目实施模式，因而导致了许多此类项目被迫停摆或者遭遇迁址的被动局面。

而且，邻避设施建设中也体现了现有科技的局限性。科技的发展纵然能方便人类，给人类生活质量带来飞跃式的提高，但科学技术本身的局限性是不能忽略不计的。这种局限性不仅体现在科技对邻避设施建设、管理、控制上，更多体现在科学技术是无法全面有效且迅速地解决邻避设施带来的一系列环境影响上。在上述几方面的影响下，当地经济发展与生存环境的价值冲突尤为明显且近年来愈演愈烈。而在民众的"邻避运动"中，价值冲突最激烈的部分就是经济发展与生存环境之间的张力。然而，在一般情况下却又很难在经济发展与环境保护之间作出孤注一掷的取舍，但邻避项目的建设又的确会进一步加剧此两者之间的冲突，这就更需要当地政府在作出邻避项目决策时，避免犯低级错误，走规范的招投标程序，选择最优的邻避项目建设公司；此过程中，建造企业也需选用最优的科技手段与技术标准，承担必要的企业社会责任，充分与民众进行沟通协商，做到信息对等化，努力缓解多方之间存在的价值冲突。

三、由"中国式邻避应对模式"的现实困境反思我们的未来破解路径

回顾大量邻避事件真实案例的过程，国内 PX 项目从厦门的"停建""迁建"到大连的"停产搬迁"再到宁波的"坚决不上"，都留给我们很多思考，而其中"中国式邻避应对模式"下的诸多邻避困境也变得逐渐突出，虽然此类事件可以在维稳高压下最终平息，但不同地区民众究竟是禁止 PX 项目本身，还是仅反对"建在我家后院"？若不能在此处建设，那么更换地址又能否再建？即便是这样，若此处因遭遇强烈抵制而迁往他处，他处的居民也跟着群起效仿、集体反对又该如何应对呢？再深

入思考下去，是否那些存在一定污染可能性的邻避项目，但确又是关乎民生与经济发展的重点项目，只要在国内遭遇民众反对，就都要予以搁置，进而使国家经济发展的必需产品，诸如 PX 系列产品、核电设备全部依赖或仰仗进口？曾有一项数据显示："截至 2010 年，我国已成为世界上最大的 PX 生产和消费国，产能占全球总产能的 24%，消费量占全球总消费量的 32%。保障 PX 产业健康发展，对于稳定国内化纤市场供应和提升中国纺织品的竞争力至关重要。"[1]"如果将 PX 项目产品视为发展经济的重要物质资源，那么，在关系国民经济发展、重大产业政策制定等领域，如何从国家整体利益和资源保障、经济安全的角度出发，因地制宜地完善相关法律法规，用健全的制度应对、解决目前'邻避运动'所带来各种困境和环境事件，以捍卫国家经济和能源安全，保障物质资源供应的安全、稳定，已经成为当下中国社会亟须解决的重大课题。"[2]

目前来看，世界各国在应对"邻避运动"方面，大多采取的是缓解与补偿方式，中国也不例外，正是我们前面分析的那样，多采用的是"维稳式"前提下的柔性治理模式。缓解的手段主要是通过技术革新，在技术上改进邻避设施运作方式和瑕疵设计，尽可能将邻避设施的负外部影响降到最低，或者是扩大民众在邻避设施选址过程的参与度，在信息对等、交流互动等方面尽可能达到两造平衡。而补偿一般主要是通过对当地民众给予物质或精神上的补偿，以此达到平息事态、稳定当地局面的目的。有鉴于此，本书认为在"中国式邻避应对模式"面

---

[1] 李晨："国内外对二甲苯发展现状及趋势分析"，载《中国石油和化工经济分析》2011 年第 10 期。

[2] 陈家宏等：《自然资源权益交易法律问题研究》，西南交通大学出版社 2012 年版，第 30 页。

临困境下进行以下方面的深入反思，并进行相应的制度精细设计是非常必要的。

第一，邻避项目决策过程中，民众的参与应是有选择权的实质性参与。"维稳式"邻避治理模式虽说也强调让民众参与其中，优化选址决策，但多数的参与是形式上的参与，民众的参与只是如观众般的听与看，没有给予其参与主体的选择权。因此，要解决这种困境，就要赋予参与主体一定的选择权，吸收域外国家的有效做法，在邻避项目选址上试行反向抬价拍卖，在愿意并赢得该项目的社区或地区周边落实后续项目建设。

赋予民众选择权并不难，进行充分的民众沟通，让其能感受到一项决策的作出有自己的贡献，从而民众对邻避设施建设也就没有那么多的"听风就是雨"，或者是极度反感或排斥的态度。邻避设施的选址具有多目标性，但在传统的"决定—宣布—辩护"决策模式中，往往遵循的是"阻力最小原则"，因而被视为单一目标决策问题。由此，美国智库卡图（Cato）研究院设计出"反向抬价拍卖模式"的市场化补偿方案。[1]"拍卖模式"旨在保证参与双方的公平，它不仅保障了民众一方不用承担强加的风险，同时也能保障管理方或建设方有权确定最大补偿额的上限。此外，如果存在拍卖机制这一决策设计，那么在建与不建之间以及是在此地建还是彼地建之间，也增加了可供选择的场地，能在最大程度上保障选址民众一方与管理方或建设方多方之间的地位平等，并在一定程度上避免了这种非此即彼的"零和博弈"式价值冲突。

第二，应看到传统"维稳式"邻避应对模式的长处，在坚

---

[1] 即将补偿额度在多个候选区域中进行拍卖，直到有地区愿意接受为止。参见娄胜华、姜姗姗："'邻避运动'在澳门的兴起及其治理——以美沙酮服务站选址争议为个案"，载《中国行政管理》2012年第4期。

持维护项目地大局稳定的前提下进行公众参与式"拍卖模式"探索。保障民众的自主选择权，赋予选址社区一定的选择权，虽然达到了实质参与目的，但随之而来的这些问题：谁来赋予选择权？又由谁来决定是否参选竞拍？如若要充分发挥"拍卖模式"作用，那必然要求政府在管理模式以及决策模式上有所创新改变，突破单一的"决定—宣布—辩护"传统模式桎梏，逐步建立完善一种透明开放、利益共享的新型邻避项目公众参与模式。当下，要克服传统邻避应对模式的不足，我们认为应当着手在以下三方面进行不断实践性探索：

在法律法规完善方面：一是应充分保障重点信息公开，保障周边群众和社会公众的知情权、参与权等。同时，也要加快专门性网络立法，依法打击干扰邻避项目安全运营的不安定分子；此外，还要全面落实新修订的《政府信息公开条例》，按照规定将政府关于高危、高污染等建设项目的决策信息及时公开，如果未及时全面地公开，民众也可以向有关政府机关申请信息公开，但如果当地政府能意识到这方面工作的积极价值，主动进行信息公开当然是善莫大焉了，这也充分保障了周围民众的知情权、参与权等权利，减少了后续不信任情绪的滋生蔓延。

在政府职能转变方面：应不断完善针对邻避类公共项目的应急管理体制，明确当地政府的首位法定职责；对于邻避项目企业与周边民众之间的利益纠纷，企业应坚持平等主体的民事法律原则予以解决，至于自己实在无法处理的棘手问题，再由政府适度介入，采取谨慎稳妥的态度进行妥善协商解决。

在邻避类企业社会责任方面：首要原则就是要坚持企业的市场主体地位。在法律的世界里，权利和义务是相对的，没有只有权利不尽义务，更没有只有义务不享有权利的情况。企业作为邻避设施建设的主体，同时也是相应的权利义务承担者，不仅有权利保障自身不受"邻避运动"的过分侵害，而且也有义务向周边民众及时展示邻避项目建设的合法性和达标性证据；这就要求邻避类企业在享有权利获得可期利益的同时，也要承担起自身的义务，承担必要社会责任，主动担当善意作为，避免与周边群众不必要利益冲突的激化。另外，企业还要重视与周边民众的沟通，不能总是回避一躲了之；主动沟通是解决问题的有效开端，凡是遇到难解的利益冲突，尽可能采取平和积极、互商互量方式解决问题才是上策；当"邻避运动"发生时，企业应主动通过媒体和社会组织等多渠道与民众进行及时、公开对话，了解对立方的真实需求并进行充分沟通协商，更不能一味地不表态不参与问题解决以逃脱社会责任。

以上是对我国传统邻避应对模式困境的反思，以及解决思路的初步考量，在本书的最后部分还将进行系统性阐述，此处不进行过多的展开；也唯有在深度反思以前邻避治理有效做法和存在不足的基础上，加快对新技术、新方法的运用，才会使我国各级政府的邻避冲突治理水平有质的飞跃和较大突破。

第三节　寻求"共识性"邻避应对模式的前景分析（2013年至今）

一、模式分析

以昆明PX项目事件为分界点，从2013年开始，我国邻避事件趋于缓和，社会不同主体对邻避事件的发生则更加理性，冲突明显减少，我国政府和学界都在积极寻求更科学、善治型的邻避冲突应对模式。加之党的十八届三中全会以来，完善和发展中国特色社会主义制度、推进国家治理体系和治理能力现代化上升为全面深化改革的总目标,系统治理、依法治理、综合治理、源头治理作为改进社会治理方式的重要着力点而备受瞩目。[1]一方面,国家各个层面对邻避事件的更加重视,积极探索的新应对方式和实施的新举措不断开花结果,更重要的改变是各级政府更加尊重民意,在环境污染治理方面的态度和各方面投入都是空前力度的,也往往态度变得开明柔和,不再认为自己是邻避决策的绝对主体。另一方面,多数群众对邻避事件也更趋理性,不再偏听偏信,并试图通过合法的制度性方式参与邻避项目决策以及棘手邻避问题的解决,如通过座谈会、听证会等方式得到了更大范围的实施实践,诸如非法的游行活动、暴力行为等几近消失。可见,新时代在化解邻避冲突问题上,各级政府正在从过去简单的刚性"维稳"压力中解脱出来,向彼此各方能达成共识道路上进行了积极转变,也取得了很多实实在在的邻避治理效果。在目前阶段,我国各级政府在邻避冲突治理模式上的主要特点如下:

第一,法律规制体系不断得到完善,信息更加公开透明。近些年,随着环境邻避事件的日益频发,政府逐渐意识到必要的法律法规和灵活的政策调整是弱化邻避项目建设与居民利益冲突的重要途径。如今,我国政府已对化工企业、核电设施及垃圾处理等领域进行了相对科学系统的技术规制,对邻避设施的技术要求、选址、运营的条件规定得更详尽具体,对解决我国的邻避冲突具有重要作用。为了更好地解决垃圾围城现象和垃圾选址困境问题,广东省第十二届人民代表大会常务委员会第二十九次会议于 2016 年 12 月 1 日通过《关于居民生活垃圾

---

[1]《中共中央关于全面深化改革若干重大问题的决定》,载 http//news.xinhuanet.com/politics/2013~11/15/c_118164235.htm,最后访问时间:2013 年 11 月 15 日。

集中处理设施选址工作的决定》(以下简称《决定》),并自公布之日起正式施行。这是国内首个把垃圾处理设施选址问题上升到法律层面的地方性法规,为广东省居民生活垃圾集中处理设施选址提供了有力法律保障。该《决定》有如下几个突出特点,主要表现在:首先,《决定》阐述了居民生活垃圾集中处理设施的选址原则,即"科学选址、集中建设、长期补偿、各方受益"。该原则不仅强调了生活垃圾集中处理设施是服务于各方的一类公共设施,而且明确将公众参与纳入其中,要求各地政府在选址过程中提供给居民全程参与的机会,并对选址附近居民提供长期的补偿,妥善安慰好居民的不满情绪。其次,《决定》规定生活垃圾设施选址必须科学、公平和公正,即要求各地政府部门对选址方案进行"比选",选择其中有利于各方的选址方案。具体内容为:居民生活垃圾集中处理设施服务于多个地区的,选址时各地区可以分别提出一个备选选址方案,然后进行备选选址方案比选;在这个过程中,政府部门应当主动召开论证会、听证会,公开征求各方面的意见。为打消居民对环境影响的顾虑,应当对各个选址方案依法进行环境影响评价,并公布环境影响评价报告。《决定》还提出"建立健全长期生态补偿的长效机制"。《决定》表明了"使用者付费、受益者补偿"的原则,明确规定"受补偿区"和"补偿区"的范围,并说明了生态补偿费的用途:即整治垃圾处理设施的周边环境、建设和维护公共服务设施、扶持集体经济的发展以及回馈周边村(居)民。其中重点强调的是:处理设施所在地人民政府和管理运营单位,应当增进与周边村(居)民的协调和沟通,加强对他们的扶持和回馈,以提升民众对政府的信任度。最后,《决定》强调居民生活垃圾集中处理设施所在地人民政府和设施运营单位应当加强对周边村(居)的扶持和回馈,因地制宜设立共享区域，配套绿化、体育和休闲设施，实施优惠供水、供电、供热等服务，安排村（居）民就近就业，实现共享发展。

此外，一些政府对邻避设施建设的信息公开也更加公开透明。一些政府一改以前遮遮掩掩的习惯性做法，加大对邻避设施建设和运营相关信息的披露力度，尤其在选址的科学性以及设施符合技术标准的说明方面尽力让居民了解，让周围居民对邻避设施的建设更加放心，增加公民对政府决策的理解与支持。例如，在浙江余杭反垃圾焚烧事件中，政府就声明"相关设施将采取世界最先进的系统工艺，相较于欧盟2000的标准更为严格"。[1]虽然，该声明并没有让当地居民消除对设施建设的顾虑，但这样的声明加强了政府与周边居民之间的沟通，对促进政府决策的公开透明具有现实作用。通过2013年至今的环境邻避事件，不难发现，邻避信息的公开透明是取得居民尊重、谅解、信任和支持的重要前提，一些政府的决策理念也正逐渐发生转变，未来围绕邻避设施的建设也将会更加公开透明。一些地方政府增强邻避项目建设的系统性规制和技术规范，以及在信息公开透明度方面的改进做法是"共识性"邻避应对模式最主要的特点之一，从中也可以看出，我们国家许多地方政府的邻避决策更加规范化、科学化了。

第二，强化了邻避应对程序上的规范性，逐渐尝试创新性的邻避冲突回应方式。以2013年昆明PX项目为分界点，通过对实践的分析发现，各级政府正在从"应急式""维稳式"的邻避应对方式转化，在邻避应对程序的规范性方面明显加强。[2]在前

---

[1] 王佃利等：《邻避困境：城市治理的挑战与转型》，北京大学出版社2017年版，第266页。

[2] 王佃利等：《邻避困境：城市治理的挑战与转型》，北京大学出版社2017年版，第266页。

第三章 "中国式邻避治理"模式下的邻避困境分析与前景预期

两个阶段,简单概括来说就是"一建就闹,一闹就停,再建再闹",这样的叫停状态虽然简单直接,但不能满足城市和居民对邻避设施建设的刚需,不利于城市的公共事业建设和项目所在地的长久发展。现阶段,一些地方政府努力改变过往的习惯化态度,策略上也注重吸收国内外有益的做法,基本意识到只有充分尊重当地居民的意见,才能在邻避设施建设上达成共识,满足促进城市化发展的现实需求。如今,一些政府在邻避设施建设的不同阶段,采用听证会、分析报告、共同考察、新闻发布会等居民参与创新型方式的越来越多,这促进了邻避设施建设的顺利开展和周边居民的理解支持。例如,广东茂名 PX 项目,茂名市政府多次组织由专家、居民等参与的座谈会;昆明 PX 项目,市长开通微博与各社会主体进行沟通等。更多的地方政府正在严格规范自身的法律应对程序,努力用各种创新方式加强与周边民众的沟通,促进项目建设的双赢。

第三,不断积极落实先进治理理念,完善多元化利益协同补偿方式。邻避问题的真正解决离不了居民的理解与支持,近几年党中央提出的一系列先进治理理念为邻避冲突的解决提供了正确指引,这些先进治理理念也在邻避实践中得到不断落实。例如,茂名 PX 事件中的"在没有达成充分共识前绝不启动"、余杭反垃圾焚烧事件中的"全程确保群众知情权,一定把这个项目做成能求取最大公约数的项目"等,这些恰恰是善治等先进理念的体现,突破了以往单纯以强制性手段解决邻避困境的行为惯性,反之以长期可持续性补偿,替代原来的短期补偿手段,这也符合 2016 年住建部等四部委在《关于进一步加强城市生活垃圾焚烧处理工作的意见》中,提到的"变'邻避效应'为'邻利效益'"的发展理念。同时,更多地方政府也认识到单纯的经济补偿、强制手段不能真正解决邻避问题和满足城市发展需要，经济补偿、空间补偿、精神补偿等多种补偿手段交互使用才是破解邻避问题实现"邻利效益"的正确手段。

第四，重视现代多媒体技术的应用，传播科学正能量的邻避项目知识。伴随现代科学技术的发展，信息交流与传播渠道也更加方便和多元化，舆论对群体性事件的正面影响和引导非常关键。目前，更多地方政府越加重视舆论的正负效应传播问题，一改以前对媒体舆论不在乎、强制删帖等恶劣作风，充分意识到通过正面的积极媒体传播、知识教育传播等方式，改变民众对一些邻避设施管理和运营错误看法的重要性。政府纷纷利用科技手段了解公众的利益关注点，关心网上等自媒体空间的最新舆情动态，并能公开地把各种利弊阐释清楚，然后通过与周边居民的积极沟通力图解决邻避冲突问题。传播正确地认知方式和专业知识，让民众更了解抓紧相关邻避设施建设是有益于一个城市正常运转的特殊功能，即使一时达不成共识也不再过分一刀切，而是增加了更多的耐心，注重在以后的邻避设施建设中与周边居民更好沟通，用长久的不懈努力、自己的真诚举动和过硬的技术标准去感动周边的"冷漠"群众，促进项目推进周边环境的积极改变。

"共识性"邻避应对模式相比"应急式""维稳式"的应对模式有了很大进步，积极贯彻落实了十八届三中全会以来的一系列先进治理理念，在推动我国不同地区邻避项目落地和城市化发展过程中发挥着越来越大的作用。但是，一方面，不是说以前的"应急式""维稳式"邻避应对模式失效了，完全弃而不用了，关键是要对相应的应对模式的利弊有科学清晰的认识，在这个问题上是不可能一蹴而就的；另一方面，任何先进治理理念和政策法规规制措施的落实都具有渐进性，不是一朝一夕、立竿见影的，我们发现了"共识性"邻避应对模式的优点和长处，就更是要在今后的邻避实践中针对其不足，予以更大耐心和精致化的完善，弥补其不易被发现的漏洞，调理其发挥各种功能作用的运行机理。

二、预期前景的分析

值得肯定的是，各级公权力机关通过不断学习和转变思路，在邻避问题治理上很多改变了以往的惯用手段。如加强用透明程序、媒体正面宣传、信息公开、民主决策、多元化利益补偿等方式缓解并最终解决邻避冲突，这些措施完全符合当代社会进步潮流和社会和谐协同发展理念，在取得民众信任和理解方面取得了重大进步，人民的幸福感有所提升。但是，"中国式邻避应对模式"面临的困境仍然是政府不得不破解的巨大难题。一个和谐稳定的社会，是"开放的、动态的、和平而有序的、具有强大自我修复功能的"，[1]并随着社会的发展，对社会治理方式需要有一个全新的审视和准确判断，其中德国学者乌尔里希·贝克对现代社会进行了全新的理解、判定和解释，即将现代社会阐释为风险社会的理论是非常贴切的，也为目前学界很多学者所接受。在这种风险社会理论的背景下，化解邻避冲突就需要重新作出审慎规划与确当选择。此外，当今社会，"互联网+"思维方式的发展与盛行，使得大众政治得到前所未有的发展，而面对这个转变，政府能做的也只有拥抱变革，实现路径转型。秉持现代化的邻避治理理念，借鉴地方政府在邻避事件应对中的创新经验，将正义导向的设施规划、全面及时的风险处置、制度化的利益表达渠道、开放式的决策体制与决策过程、

---

〔1〕 于建嵘：“从刚性稳定到韧性稳定——关于中国社会秩序的一个分析框架”，载《学习与探索》2009年第5期。

完善应急响应机制全面落实,是化解当下邻避困境的必由之路。[1]

第一,正义导向的邻避设施规划。首先,单纯技术规划应适度转变为政治理性规划。对于规划方案的选择标准,需要变以技术理性为主的功利主义为政治理性协同,来寻求最大社会满意度或最小社会阻力的绝佳决策。从本质上来说,邻避设施的规划是一项技术活动,它将技术理性作为自己最重要的价值追求。但邻避设施的负外部性又决定了其在规划过程中,更需要兼顾民众的切身利益诉求,这也是邻避设施区别于其他市政公用设施的重要特点。因而,从技术规划向政治理性规划的治道变革转型,是树立正义导向、坚持以人民利益为中心,最终解决邻避困境的重要途径。其次,政府不是邻避设施决策的唯一主体,缺少公众参与的邻避项目决策,必然导致决策群体与被补偿群体的价值和利益分离,引发多数公民合法权益受到侵害的内心感知,进而引起邻避冲突。随着公民风险意识和维权意识的提升,点缀式的公众参与形式必然激发公众的反抗意识,使公众的关注点朝着政府的对立面去集中,从而只会使邻避困境在某些地区愈演愈烈。在邻避设施规划过程中通过网络问卷调查、座谈会、听证会等,在方案的设计修改、意见沟通交流等方面扩大公众参与,重视其对政府部门和专业人士设计的理性规划方案作出的评价和反馈,能很好地避免因急于达成一致意见而采用不当手段引起公众愤怒,[2]甚至是更激烈的肢体抵

---

[1] 王佃利等:《邻避困境:城市治理的挑战与转型》,北京大学出版社2017年版,第267页。

[2] 对于邻避运动治理的社会制度模式,已有学者提出"专断—压制"型管理模式与"参与—回应"型治理模式之比较。参见杜健勋:"邻避运动中的法权配置与风险治理研究",载《法制与社会发展》2014年第4期。

第三章 "中国式邻避治理"模式下的邻避困境分析与前景预期

抗行动。此外，在法律层面，要求政府通过司法流程再造便利公民权利的制度性参与，以达到社会治理模式的有效转型，即从公权力机关强力管控的准军事化社会管理模式向一体多元、协同互进共赢式的社会治理模式转变。重新构建现代社会治理格局，改变对法律单纯"压制型法"的性质判断和错误认知，切实转变到"人人参与，人人尽力和人人享有"的"回应型法"阶段。最后，单纯的经济补偿是政府在解决此类问题中常用的手段，但这不仅难以满足周边居民的多样需求，更会催生解决邻避冲突中的"搭便车"现象。事实上，在导致邻避效应的因素中，除了经济性成本与损失外，心理认知的因素也在直接发挥作用，[1]只有在合理消除公众疑虑的前提下，公众才会从心理上较快接受邻避设施。因而，可以考虑在邻避设施建设规划中，同时在周边不太远的距离规划具有显著正外部效益的邻避设施运营样板，发挥其正面激励作用，促进就邻避设施建设社区认同的达成。

第二，优化邻避设施风险处置过程。首先，要适时改变渐趋钝化的风险评估理念和运行程序。在风险社会这一理论背景下，政府关注的邻避设施风险已不能再仅局限于传统技术风险，而应强调公众对邻避设施风险的主观感知。决策者在邻避设施风险评估中，考虑设施可能存在的污染、辐射等对人体健康的威胁以及风险发生概率的同时，更应考虑设施建设可能引发的居民担忧、恐惧心理和由此引发的公众反对，即实现环境影响评价与社会稳定风险评估的综合考量。完善环境影响评价的法定环节和必备过程，做好及时的环境污染信息公开工作，将专业技术术语转化为能为大众理解接受的大众话语，充分保障公

---

[1] 汤汇浩："邻避效应：公益性项目的补偿机制与公民参与"，载《中国行政管理》2011年第7期。

民的知情权、参与权和监督权。在法律层面,对合理表达民众诉愿的法律制度进行及时修订,存在严重短板的法律领域进行迅疾立法,及时稳定社会公众的理性风险预期,避免公众基于风险恐惧产生的非理性行为,进而引发社会的政治风险。其次,转变并优化风险沟通方式。这就要求决策者变"被动沟通""单向沟通""不平等沟通"为"主动沟通""双向沟通""平等沟通"。通过积极转变沟通方式,构建彼此的信任文化和氛围,理解公众对风险的主观构建,帮助政府和公众双方加快形成更客观、全面、真实的风险认知。此外,还需要对专家和大众媒介的角色进行准确定位,在"互联网+"的时代背景下,大众媒介、互联网的作用不容小觑。打破专家垄断,发挥大众媒介的"社会公器"作用,对潜在的邻避风险进行及时监督和反馈,在这方面,大众媒介的客观理性立场是十分重要的,否则就会成为"不当舆论的煽动者"或者"政府的广播站",不正当地影响公众视听和理性参与实践。

第三,创新和拓宽制度化的利益表达渠道,积极寻求共识性双赢。首先,立法层面注重保护公民合法权利是根本。破解中国式的邻避困局,在制度层面上缓解邻避情节,一个重要的关键问题是如何充分保障公民权利。[1]将民主协商的公众参与上升到法律层面,有助于在实践中真正重视公众这一角色的作用,保护相对弱势群体的合法利益及利益表达权。目前,我国这方面立法也开始注意到了这一点。之前提到的2016年广东省人民代表大会常务委员会制定的《关于居民生活垃圾集中处理设施选址工作的决定》,就是我国首个针对邻避设施选址的地方立法,该立法吸收了广东番禺、李坑等垃圾焚烧项目建设的经

---

[1] 张文龙:"中国式邻避困局的解决之道:基于法律供给侧视角",载《法律科学(西北政法大学学报)》2017年第2期。

第三章 "中国式邻避治理"模式下的邻避困境分析与前景预期

验教训,其中有如下三点可行措施值得关注:一是利用既有生活垃圾处理设施用地建设垃圾焚烧处理设施,这就最大限度上避免了新选地点和分散选址可能带来的公众大规模反对;二是将垃圾输出区定为提供补偿区,以居民生活垃圾集中处理设施所在村(居)所在地为接受补偿区域,长期提供补偿费、强化企业服务功能、限定资金用途等;三是采取开放参观、监测数据实时公开等多种方式,以更公开透明、便于监督的方式,公布此类设施运行的基本情况。这些立法经验都值得其他省市借鉴和吸收。其次完善并加强对网络、新闻媒体和自媒体等的依法监管。在网络信息快速发展的大数据时代,政府更应将网络等新媒体作为吸纳公众参与的一个重要平台,通过官网、微博、微信公众号等及时准确把握民意动向,及时辟谣;同时,将新旧媒体进行有机结合,促进对邻避问题的学习、思考和讨论,为解决邻避危机提供更理性、更优化的选择方案。切忌对各类媒体的矫枉过正式管理,否则将引发新一轮的社会信任危机。最后,重视和发挥社区等第三部门的作用。单位制的逐渐弱化以及伴随单位制式微而掀起的社区运动,在这两大中国社会制度变迁的挑战影响下,城市居民逐渐从"单位人"转变为"社区人"。因而,社区应成为邻避冲突治理的重要平台[1],以社区为载体,将社区作为听取吸纳居民意见、安抚居民情绪和为居民提供合法参与渠道的重要平台。

第四,改变不适应时代发展需要的邻避决策运行和监督法律机制。首先,鼓励多元主体的邻避决策参与。通过利益分析准确定位相关公众,在此基础上,要为利益相关者参与邻避决

---

[1] 在我国近期应对新型冠状肺炎疫情的过程中,社区的第一线防控和抗议作用也是特别明显的。社区和村居委会阵地的失守必然会导致我国整个邻避冲突治理的失败。

策提供有效的参与途径和参与方式。同时，政府也要转变以往高高在上的形象，变得更加亲民务实，积极运用民间智库和学术智库以及第三方机构吸收整合民意，使邻避政策更加科学化、民主化和程序化，增加公众对邻避政策方案的接收程度。通过精细化的法律完善相关制度，切实保障公民的知情权、参与权、正当程序权和诉愿救济权。其次，树立政策营销理念。对邻避政策不接受常常是邻避冲突最外化的表现形式，因而化解我国的邻避冲突，在优化政策制定的同时，还要努力改变邻避政策信息封闭和强制推行的弊端。这就要求相关政府加快树立政策营销理念，采用多元促销手段，强调公众意愿和非强制措施。最后，健全邻避政策监控机制。如何有效地解决邻避问题，目前研究的重点主要集中在社会学和政治学领域，主要关注邻避问题的社会—政治维度，而缺乏对法律维度的关注。[1]因而，首先，要健全相关法律法规体系，加强邻避治理专项立法工作，制定级别更高的上位法，明确立法宗旨、制定程序和加快细化实施细则，促进专门立法产生更大的社会效益。其次，强化立法机关、司法机关的特殊功能，确保法律的正确、有效实施，更有效地维护人民的根本利益。再次，加快建立邻避政策监控的责任追究机制，落实邻避项目监管的行政法律责任，确保邻避项目安全运行的行政监管和执行力度不减，杜绝重特大环境污染事故的发生。最后，加强对大众传媒等媒介的依法治理，充分发挥网络等新媒体优势，将分散无组织的社会舆论纳入服务国家经济建设的邻避治理法律监督体系。

第五，完善现代化的邻避冲突应急响应机制。邻避冲突的应急响应机制，是邻避治理的最后一道"安全阀"。首先，建设

---

[1] 夏志强、罗书川："我国'邻避冲突'研究（2007—2014）评析"，载《探索》2015年第3期。

第三章 "中国式邻避治理"模式下的邻避困境分析与前景预期

快速响应机制。传统媒体时代应急管理"黄金 24 小时"早已被新媒体"黄金 4 小时"[1]的法则所取代,自媒体的蓬勃发展要求我们要建立快速响应机制,针对由邻避设施建设引发的社会冲突详细制定应急预案,敏锐察觉舆情动态,准确把握公众不满心理的多层次原因,第一时间进行权威回应,以消除公众的负面情绪。其次,建立事后反馈学习机制。邻避困境的积极意义就在于为政府和社会提供了学习的机会,邻避运动的暂时停息绝不意味着真正的结束,我们要做的是建立事后反馈学习机制,在一次次邻避事件处理的过程中获得反馈和真正能力提升,进而进行"学习的革命"与"治道的变革",促使各级政府在公共决策模式、城市规划、环境评测、信息公开、危机沟通、多元主体合作等方面进行深刻反思,并拿出后续实质性的改进举措。

美国政治哲学家罗尔斯在其著作《正义论》中,将正义鞭辟入里地解释为两大原则:一为自由平等原则,二为机会平等与差别原则。对于后者,罗尔斯在书中的描述是这样的:"社会和经济的不平等应这样安排,使它们在与正义的储存原则一致的情况下,适合于最少受惠者的最大利益;并且依系于在机会公平平等的条件下职务和地位向所有人开放"。[2]在充分满足第一原则的基础上,在社会分配过程中需要向在社会处于不利地位的成员倾斜。反映在邻避这一社会问题中,从"增长联盟"的政府、企业等和"反增长联盟"的民众、社会组织等的力量对比看,无疑"反增长联盟"一方处于弱势地位,具体处理邻

---

[1] 李鹤:"新媒体时代:处置突发事件的'黄金 4 小时'法则",载《人民日报》2010 年 2 月 2 日。

[2] [美]约翰·罗尔斯:《正义论》,何怀宏等译,中国社会科学出版社 2001 年版,第 60~61 页。

避设施这一问题时,理应多些关注在这一方的利益诉求。依据空间正义的理论,城市的空间资源应当平等进行分配,为实现在空间生产(建设)与空间资源配置过程中的空间权益的公正,除了居民能够平等拥有的参与空间生产过程中的机会,还需要对空间生产过程中他们遭受的负外部性进行补偿,力求填补他们的损失,只有这样,空间生产才能实现在手段上的正义。[1]

事实上,在国内那些成功的邻避处置案例中,如杭州余杭、湖北仙桃等地区在邻避冲突处置的事后,当地政府和企业能积极总结教训,重新组织展开具有真正民众参与性的调研、考察,在取得多数民众的理解认同后,再制定符合邻避设施选址地周边民众利益需求的利益补偿方案,最后都成功走出之前深陷其中的"邻避困境",克服这个现代化进程中的"阿喀琉斯之踵"[2]。

---

[1] 杨磊等:"空间正义视角下的邻避冲突与邻避设施供给要件探析——以武汉某临终关怀医院抗争事件为例",载《华中科技大学学报(社会科学版)》2018年第1期。

[2] 阿喀琉斯,是凡人珀琉斯和美貌仙女忒提斯的宝贝儿子。忒提斯为了让儿子炼成"金钟罩",在他刚出生时就将其倒提着浸进冥河,遗憾的是,乖儿被母亲捏住的脚后跟却不慎露在水外,全身留下了唯一一处"死穴"。后来,阿喀琉斯被赫克托尔弟弟帕里斯一箭射中了脚踝而死去。后人常以"阿喀琉斯之踵"譬喻这样一个道理:即使是再强大的英雄,他也有致命的死穴或软肋。

域外运用法律手段破解环境邻避冲突困境的典型案例和法律应对基本经验

CHAPTER 4 第四章

第一节 域外运用法律手段破解环境邻避困境的典型案例

从20世纪60、70年代起，伴随发达国家公民环保意识的觉醒，环境邻避冲突开始进入多发期、频发期，各种具有负外部性影响的公共设施在选址时，都会不同程度遭到当地民众的反对和抵制，为此各国政府纷纷开始寻求有效的治理路径。早期各国应对邻避运动的方式多是采用强制性管控措施，有极强的政府强制色彩，但这种方式极易引起新的社会冲突，因此受到全世界专家学者们的普遍批判。所以，近年来各国纷纷开始从本国实际出发，寻求符合本国国情的、各具特色的邻避冲突治理之道探索[1]。笔者在初步分析各国的邻避冲突治理模式之后，选取了邻避冲突治理模式具有鲜明特色且治理成效较突出

---

[1] 在这一过程中，我国过往应对和处置过的邻避冲突事件，为后续的政策法律制定者和研究者提供了丰富的经验汲取和研究样本，我们以前的探索和处置也不都是失败的，应从中提炼出中国风格气派的"精华"和"宝藏"，对中国的邻避冲突治理模式有必要的警醒，同时更应该拥有必要的制度自信、道路自信和方法自信。

的多个典型国家和地区进行样本化研究分析,以期对我国今后的邻避冲突治理能有所裨益。

一、美国"拱心石"石油管道项目等典型案例的分析

美国的历史是短暂的,但其取得的物质财富的辉煌却是有目共睹的。作为资本主义现代化大生产发展最迅速的国家,在取得巨大社会物质财富的同时,快速的经济发展以及工业化大生产相伴而来的环境污染问题,促使美国公众很早就开始对环境污染问题予以重视,而政府对公众发起的环境邻避运动的治理也不断趋于成熟。本部分将结合美国近年来较典型的"拱心石"石油管道项目,对美国环境邻避冲突的应对和治理问题进行分析。

(一)美国应对环境邻避运动的三个特点

美国应对环境邻避运动有如下几大特色,即多元化的治理主体、市场化的治理机制以及趋于完善的监督机制:

第一,美国在邻避冲突治理中基本遵循了民主政治特色,将公民参与引入日常管理机制,形成了公民广泛参与的邻避冲突治理新模式。这种模式打破了政府作为邻避冲突唯一治理主体的局限,使政府得以从禁锢中抽离。政府更多地是担任一个统筹角色,负责相关法律规范制定、争议仲裁、项目审批等,而不直接参与邻避设施选址以及具体决策。让邻避设施建设方与选址地区民众直接进行谈判、协商,避免了政府强制力的介入,以民间形式进行对话更容易获得抗争主体的理解与支持,从而保证许多邻避设施的顺利建设。

第二,以市场化机制进行治理是美国应对邻避冲突的显著特点。早期邻避冲突治理中,美国政府多采取"决定—宣布—辩护"模式,由政府作出决定后向民众宣布,当有民众抗议冲

第四章 域外运用法律手段破解环境邻避冲突困境的典型案例和法律应对基本经验

突发生时，再采取较强硬的措施推进项目建设。这种模式正如前面的分析中所言，极易引发社会冲突，因此遭到专家学者们的广泛批判。近年来，美国积极尝试在邻避治理中引入市场机制，让市场这一"无形的手"来促进邻避冲突问题的解决。在这一模式之下，由邻避设施的建设方首先确定项目选址地，其中涉及的补偿问题由企业和当地居民根据市场化的利益补偿机制，以及价格机制进行自主性协商与谈判，在双方达成一致意见后再报政府相关部门进行论证，确定是否批准建设。这种市场化机制与民主政治特色相辅相成的模式，使政府能够解脱出来，以较公正、客观的角色存在，从而获得了社会广泛的公信力。

第三，为了对邻避冲突中处于弱势一方的民众予以保护，维护环境正义，美国建立了较完善的项目运行监督机制。一是包括在冲突治理过程中引入公民参与，举行听证会，积极倾听公众、专家、第三部门和设施建方的意见，探讨邻避设施建设所带来的负面影响，以及具体的补偿方案和补偿金额等；还允许公民直接参与邻避设施的选址、决策和运营，并对邻避设施的运行情况进行实时监督，提高设施运行时的安全系数。[1]二是建立环境评估机制，由邻避设施建设方提交环境评估报告并接受专家审核及专家的质询，从而保障邻避设施建设的安全性，消除公众不必要的隐忧。

（二）"拱心石"石油输油管道项目的由来和矛盾焦点

对"拱心石"石油运输管道项目建设的反对运动可以说是美国近几十年来最大规模的环境邻避运动之一，美国《时代周

---

[1] Kraft, M. E. & Clary, B. B. (1991), "Citizen participation and the NIMBY Syndrome: public Response to Radioactive Waste Disposal", *The Western Political Quarterly* 1991 (3): 299~328.

刊》更是称其为"邻避主义的抬头"。这一项目由加拿大横加公司投资兴建，原计划为建成跨美国中西部农业区的"拱心石"输油管道，再将加拿大出产的油砂直接输往美国。后横加公司决定将该管道从加拿大艾伯塔省往东南延伸至美国得克萨斯州，延伸项目被称为"拱心石 XL 输油管道项目"。

由于横加公司的"拱心石"项目跨越了美加两国边境，所以必须经过美国总统[1]批准才可以在美国国内开工建设。2008年9月开始，横加公司前后两次向美国国务院递交申请，希望获得"总统许可"。但该项目从2008年开始申请，到2015年被奥巴马否决，再到2017年由继任美国总统特朗普附条件重启项目，历时将近十年之久。

对于"拱心石"项目的建设，美国国内一直存在较大争议，甚至与政党之间的斗争都存在牵连。美国共和党、劳工组织以及石油行业以可以解决就业为出发点，认为应该支持该项目在美国的建设，并表示其能很大程度上缓解美国对中东石油的依赖，从而维护美国国家的能源安全；与此相对的是，美国环保社团则以很激进的方式反对该项目的建设，甚至多次组织较大规模的抗议活动。从在白宫前聚集上万人的反"拱心石 XL 管道"项目游行到专家联名抗议信，他们不断从环保角度出发，质疑共和党人提出的"拱心石"项目所谓的益处，他们认为该项目规划中的管线将通过美国的自然保护区和水源地，一旦发生泄漏将导致严重的生态污染。此外，管道建成后，将会有大量石油被开采，会直接导致加拿大艾伯塔省油砂资源开采量的增加，并从而造成更多的温室气体排放，加剧全球变暖，也会使美国更依赖传统的化石能源，不利于美国近年来的页岩气开

---

[1] 时任总统为民主党人贝拉克·侯赛因·奥巴马。

第四章 域外运用法律手段破解环境邻避冲突困境的典型案例和法律应对基本经验

采等能源转型举措。在两方逐渐激烈的冲突中，矛盾主要集中在以下三点：

第一，输油管道存在泄漏风险。管道传输石油过程中，石油泄漏是最致命的问题，也是公众最关注的。而在安全方面，横加公司并未获得足够的民众信任。首先是其在美国建设的其他线路事故频发，而在"拱心石"项目石油运输中，并未针对腐蚀性较强的油砂使用特殊管道，使用的仍为一般管道。另外，即使是普通标准的输油管道其质量也存在问题，经检测，横加公司已建成的输油管道是由印度制造商采用有缺陷的钢铁制造的；而且，在"拱心石"项目建设过程中，依然有部分钢铁是来自同一印度供应商，这些就成为民众反对横加公司继续铺设输油管道的重要原因。

第二，管线选址经过美国的生态脆弱区，遭到当地民众的极力抵制。除输油管道本身可能存在的漏油问题外，横加公司的选址失误也是遭受民众抵制的重要原因，甚至由此，邻避冲突的范围迅速从地方扩展到全国。2008年9月，横加公司第一次向美国国务院递交申请时，管道设计经过了生态环境较为脆弱的奥加拉拉蓄水层。[1]该蓄水层覆盖面积较广，既提供了当地的灌溉用水，也供给了230万居民饮用，所以管道从此经过一旦泄漏将会直接威胁该地区用水和粮食安全。正是由于区域的敏感性，诸多专业人士和环保组织加入了后续抗争。横加公司2011年迫于压力改变了管线线路。调整后的输油管道北起加拿大艾伯塔省的哈迪斯蒂，南至美国内布拉斯加州的斯蒂尔城，途中避开了环境敏感的沙丘地区，全长1897公里，末端与现有输油管道连接至得克萨斯州。

---

〔1〕 王惠、于家富："横加公司诉美国政府案对我国应对环境邻避冲突的法律启示"，载《环境保护》2017年第6期。

第三，联邦政府与州一级政府之间的利益诉求不同。在对待"拱心石"项目的建设与否上，美国联邦政府与州一级政府之间表现出迥异的态度。联邦政府通过立法赋予了各州较多的邻避冲突治理责任和权限，因此，在本案中，虽未获得总统批准，但是在地方上的州政府实际已经默许横加公司建设管道途经的各州征地。相关的州政府鼓励横加公司与当地居民积极达成补偿协议，横加公司为获得当地民众认可，承诺了较高的补偿价，甚至补偿价格连年攀升。此外，部分州政府还支持横加公司提起土地征收诉讼，以"公共使用"的名义，对不愿搬迁的住户提起诉讼。最终，横加公司在项目预计通过的六个州都获得了土地征收权。但与州政府的就业保障、促进国内生产总值（GDP）等考虑不同，奥巴马的民主党政府认为，该项目既不能降低美国国内的汽油价格，也不能提升美国国家的能源安全，对美国经济增长的长期贡献也不大，还将损害美国在抗击气候变化领域的全球领导力，不符合美国国家利益，采取了不予同意的态度。而后继的特朗普共和党政府，则认为该项目不仅能刺激当地就业，提振美国中西部地区的经济，更能帮助美国摆脱对中东能源的过度依赖，从而促进美国走向能源独立。因此，特朗普就职后，很快就签署了行政令重启"拱心石"项目，就管道材料、就业岗位等问题进行了后续磋商，积极推进该项目的建设。

（三）美国应对"拱心石"项目中引发邻避运动的法律启示

1. 中央和地方政府的邻避态度应该一致化，采取刚性与柔性融合手段促进邻避项目落地

首先，对于跨区域的公共项目建设应当保证中央政府与地方政府态度上的一致。在"拱心石"项目中，由于不同利益诉求政治因素的介入，使得美国两党之间、联邦政府与州政府之

第四章　域外运用法律手段破解环境邻避冲突困境的典型案例和法律应对基本经验

间的态度有很大不同，从而使该邻避项目在实际推进过程中受阻。从奥巴马政府的"否决"到特朗普政府的"重启"，这种态度反转极易强化支持者和反对者的分裂，加深彼此的矛盾。其次，可采取软硬兼施的邻避治理方法。"拱心石"项目中，应对公民的邻避运动，州政府软硬兼施一方面给予设施建设地公民金钱或其他福利，让其主动接纳邻避设施的建设；另一方面，对部分不接受补偿的反对者，以行使征收权的名义对其提出诉讼。既能最大程度使民众利益得到补偿，促进双方利益冲突的最小化，也能使邻避设施的建设得以顺利推进。

2. 邻避设施建设方应以社会公共利益为先，直接面对利益方，找到彼此利益的结合点

在邻避设施选址上应当尽可能以公共利益、社会责任为先，不能为缩减成本而以破坏生态环境为代价，且应加大必要的技术投入，减少邻避建设中的风险发生。如前面分析中所提及的，项目选址错误是横加公司遭到民众抵制的重要原因，为缩短管线建设长度，其采用直接连接起始地、目的地的方法，而忽视了管道铺设途经的地下蓄水层这种生态脆弱区，对该地区的生态环境造成了潜在风险与威胁。美国政府将项目选址交由设施建设企业决定，也就需要企业在邻避设施选址上做到足够审慎与严谨，这样才能尽最大限度促进项目的建设。

3. 加大邻避项目信息公开，努力保障当地民众对项目选址和运行的知情权、参与权和监督权

邻避冲突在很大程度上都是由政府单方面不当行为造成的，应对邻避冲突最积极有效的方式是尊重当地民众的知情权、参与权，加大相关邻避项目信息公开力度，回应公众利益关切，接受专业机构及公众的监督。在"拱心石"项目中，美国联邦政府做了大量的信息公开工作，将项目介绍、环评报告及时在

国务院网站全文本公开,并在专门网站对民众意见进行收集、统计和整理,最后对民众比较关注的问题进行了积极回应。

二、日本废弃物处理设施项目建设等典型案例的分析

日本应对邻避冲突有较明显的政治主导性,但此政治性又与现代市场经济相结合,形成了独具特色的政治谈判型处理方式,运用政治谈判发挥包括社会、企业、公民在内多元利益主体在邻避冲突中的作用。其中,强调社会自主治理责任成了日本邻避冲突治理模式中的创新。在本部分将结合日本废弃物垃圾处理设施建设和垃圾焚烧设施建设等典型案例,对日本的邻避冲突治理模式进行比较分析。

(一)日本的垃圾处理设施建设

针对废弃物管理和垃圾填埋场的建设,日本不仅作出了相关前沿性的理论探索,也进行了很好的实践积累,以颇具智慧和创新性的"日本特色"邻避治理模式成功完成了数个邻避项目的建设,得到了当地民众的支持,避免了社会冲突的发生。

1. 冈山县津山市"垃圾处理中心":通过招募确定垃圾处理设施使用地[1]

日本冈山县津山市于20世纪80年代后半期计划建设新的垃圾处理中心,由于无法得到当地居民同意而不停更换候补地,接连5个候补地均遭到周边居民的反对。之后,新当选的市长主张设置"垃圾处理中心"选址委员会,津山市的行政负责人成为"垃圾处理中心"选址事务局的成员。选址委员会的作用有两个:一个是审议和决定招募内容;另一个是采用科学、综

---

[1] 杭正芳:《邻避设施区位选择与社会影响的理论与实践》,西北大学出版社2014年版,第157页。

第四章 域外运用法律手段破解环境邻避冲突困境的典型案例和法律应对基本经验

合手法在应招地区确定选址。选址委员会的委员由学者、地市代表和普通市民组成。以公开的形式招募愿意接受邻避设施在本地区建设的区域。招募的对象为充分了解当地情况且有建设热情的地区，还需居民会代表和地权人共同提出申请。在招募确定了几个备选地区之后，选址委员会再收集各地区信息，再经过走访调查等筛选确定最后的选址地。在后期的协议总会上，津山市选址委员会将评选为第一的地区作为选址的最终建设用地。

垃圾处理设施建设完成后再征求当地居民同意的选址形式，很容易增加当地居民的担心和不信任，甚至是产生极度的愤怒情绪。津山市"垃圾处理选址委员会"以征求当地居民的理解为前提，以城市建设、增强地区活力、有建设热情的地区为对象，通过招募垃圾处理设施的最适用地，促使垃圾处理设施建设用地的顺利选定。

2. 旭川市废弃物处理厂：采用渗流控制技术获得当地居民认可[1]

为了提高垃圾填埋场的安全性与可信度，使填埋场建设地地下水的污染风险最小化，防止地下水污染造成环境污染，旭川市废弃物填埋场以保护地下水为理念提出了新的设计。为实现这一设计，采用了三要素复合 liner 的新技术，就是在应对地下水污染的渗流控制上再加入防水布、中性硅酸铝混合土、中性硅酸铝帆布。[2]研究开发的目标是预计漏水时间（travel）70

---

[1] 杭正芳：《邻避设施区位选择与社会影响的理论与实践》，西北大学出版社 2014 年版，第 61 页。

[2] [日] 水野克己、西垣誠、嘉門雅史："自然環境の保全と対話と情報公開を行つた旭川市廃棄物処分場"，廃棄物学会，第 15 回廃棄物学会研究発表会講演論文集，東京：廃棄物学会，2004：1166~1168，转引自杭正芳：《邻避设施区位选择与社会影响的理论与实践》，西北大学出版社 2014 年版，第 161 页。

113

年至130年的百年渗流控制技术，在年间温差60摄氏度、积雪2米以上、最低气温零下32摄氏度的寒冷地区，旭川市完成了两年的实际规模实验。

企业作为最终填埋场建造者致力于提高填埋场的质量，并认为积极地公开信息很重要，于是通过学术论文等方式积极公开渗流控制研究成果。同时，在旭川市最小限度地改变土地、积极开展植物移植等，除了在建造最终填埋场时努力保护自然环境以外，对封场后的地下水一直进行监测并及时公开信息。在地下水监视池，通过观察鱼的生存状况，从视觉上把握渗流控制的安全性与健全性；从制订计划到最终填埋场的建造，为了让当地居民更容易了解渗流控制技术，建造企业积极使用未来科技与居民互动沟通，还开发了使用中性硅酸铝矿物进行风险沟通的方法。

通过一系列的信息公开以及向当地居民召开120多次说明会，使原告撤销了要求法院公布暂时禁止建筑施工的命令。在旭川市废弃物填埋场，按照地下水污染风险，将飞灰与一般垃圾分开填埋，并在填埋开始后开始计算测量垃圾层的温度以及水分数值，积极开展建设后的环境风险应对。

（二）日本的垃圾焚烧设施建设

近年来，日本新闻媒体对垃圾焚烧争论的多次报道，引发了社会各方的强烈关注。不仅是对焚烧和反焚烧的争论，进一步细致到若要建立垃圾焚烧厂，焚烧场所的区位如何确定等具体问题。兴建垃圾焚烧厂不仅是相关企业间的利益问题，也是民众与邻避设施建设方以及与当地环境间的利益博弈过程。西方发达国家曾长期探索过垃圾焚烧厂的区位选择，日本多年前便开始使用垃圾焚烧技术，所以在垃圾焚烧选址方面积累许多宝贵经验，值得我国加以积极借鉴。此处选择了日本三个采用

第四章 域外运用法律手段破解环境邻避冲突困境的典型案例和法律应对基本经验

不同路径推进垃圾焚烧设施选址的市予以研究分析。

1. 长野市：在生活和娱乐方面为当地居民提供便利

长野市充分利用了垃圾焚烧的余热资源，在建设垃圾焚烧厂之初就设计了与余热利用相关的配套设施，利用产生的余热开展各项便民利民活动。如引进民间资本，增设了干洗中心、医疗保健中心等，这些场所为当地居民提供了质优价廉的生活服务，在保障居民生活安全的基础上帮助其提高了生活水平。另外，长野市积极在垃圾焚烧厂周围建设市民农业中心、农业园、生态村等，增加焚烧厂周边的植被覆盖率，减少对周边环境的污染。

另外，市政当局还积极促进居民生活与垃圾焚烧厂的一体化。如在可燃垃圾中提取出废弃食用油，通过技术手段将其燃料化，使其成为当地居民或企业的日常使用能源之一；将生鲜垃圾等堆肥处理，转化垃圾为肥料，从而促进当地涉农产业的发展。垃圾焚烧厂的建筑普遍较高，所以长野市还在其顶部增设了公共展望台等公共设施，供市民参观和瞭望。

为了获得当地居民的更大支持，长野市还让当地居民积极参与到垃圾焚烧厂的建设与运营中，为周边居民提供了很多就业机会。此外，还向市民定期开放该垃圾焚烧厂，让居民能科学了解垃圾焚烧厂的运转过程，有效监督其担心的垃圾处理过程。

2. 饭塚市：紧密依靠当地群众支持，尊重和努力收集市民的意见

与长野市通过实践行动证明垃圾焚烧设施建设利好不同，饭塚市自始至终以民众意见为先。首先，为取得市民对政府行政部门的信任，其最大程度将邻避项目的建设信息公开，及时向市民公开有关垃圾焚烧厂建设的相关信息，与市民意见达成

一致后再动工,使权力得以在阳光下运行。其次,其设置了由技术人员、市民和政府工作人员直接参与的代表委员会,定期召开代表协商大会,收集整理民众意见,并将这些意见传达给上级部门。代表委员会还负责垃圾处理设备的安全性监督工作,借鉴先进垃圾焚烧厂的经验,通过建设垃圾焚烧厂为振兴当地经济出一份力。最后,饭塚市通过对周边居民进行宣传教育,让居民真正参与到垃圾焚烧行动的治理中来,减轻政府的负担。该市还将当地垃圾予以精细化分类,提高垃圾的资源化利用率,减轻垃圾焚烧的压力。

3. 御代田町:树立协作精神,以事实教育人

御代田町与周边地区合作建设垃圾焚烧厂,建立垃圾处理的合作关系,取得了垃圾焚烧厂周边居民的信任。并积极调查其他地区已有的垃圾焚烧厂,引进已采用的先进技术,并将已有垃圾焚烧厂周边环境和居民健康调查情况(例如:日本南原垃圾焚烧厂建成已有15年,但并未对周边环境产生负面影响),如实反映给新建垃圾焚烧厂周边居民,以事实来消除人们的各种疑虑。

(三)日本相关环境邻避设施建设的法律启示

日本为了消除导致废弃物处理设施以及垃圾焚烧设施纠纷的主要因素,要求国家、地方自治体与邻避设施建造者以及当地居民之间进行风险沟通。以上所列事例,都是邻避设施建设方有效使用风险沟通的典型事例。冈山县津山市通过招募遴选垃圾处理设施地的事例表明,该举措消除了选址不明确性以及对环境、健康影响导致的担心、不信任,是促使垃圾处理设施所在地居民达成共识的有效手段。在选址时使用了科学手法的同时,也公布了选址委员会及其会议记录。这种选址时从居民中进行招募的做法比较新颖;还有一个很显著的特点就是,围

绕邻避设施建造者与当地居民之间积极开展风险沟通。旭川市废弃物处理场的举措是，消除居民对邻避设施建造的担心和不信任，满足居民对保护自然环境的要求，该举措也是垃圾处理设施所在地居民达成共识的有效手段。其特点是，除了对防止地下水污染而导入的三要素复合夹层有效性进行实证实验以外，为了让居民易于理解，还开发了未来语言以及风险沟通的方法。其比较独特的方法就是，通过最小限度地改造土地、积极移植植物等保护自然环境的措施，建立把握地下水观测池安全性的体系；同时，还面向市民召开120多次说明会，与居民展开积极交流。该市垃圾焚烧场的建设，更多是通过减轻当地居民疑虑，获得当地居民的信任而顺利进行的，如将信息公开、引入先进技术、建设风格和利用上利于居民生活等。

以上这些做法都很值得我国各地吸收借鉴。法律启示上有如下三点：首先，邻避设施要达成社会共识就要在设施规划设计阶段采用科学手段，建造者通过提供科学、客观数据，积极与当地居民对话，并且对话内容要易于理解，避免不必要的误解产生。其次，对话时要想方设法按照现行法律标准降低风险，积极进行风险沟通，即使现行法律中没有相关规定，也最好向相关地区公布邻避设施的维修管理状况，以及对邻避设施构造和运行的定期检查结果，同时还要加强对废弃物处理的风险沟通。最后，积极倡导民主科学决策，遵守相关法律程序。要严格贯彻落实以人民利益为中心的发展理念，疏通各方不同意见的表达渠道，努力协调各方利益诉求，谋求最大范围的邻避决策共识。

三、法国破解环境邻避困境等典型案例的分析

欧盟国家是全球公认的可持续发展理论和实践的先锋，在

可持续发展战略和行动等各方面积累了很多成功经验，法国亦是如此。

(一) 法国对反核电站建设邻避运动的法律治理

2014年3月，三千余名法国、德国及瑞士的民众聚集在三国边境处，要求政府关停靠近边境的费森海姆核电站。该核电站有两座装机为920兆瓦的核反应堆，于1978年投入使用，是法国目前运营的最古老的核电站。由于其设备陈旧，德国政府和社会活动家一直在呼吁法国政府永久关闭这座核电站。

为了应对核电站邻避运动的频频发生，2016年2月开始，法国政府向核电站方圆10公里范围内的居民免费发放碘片，一旦有核事故发生，这些碘片即可保护人体甲状腺免受放射性碘的伤害，能起到一定的防护作用。在该范围内以外的地区，各省也都建立了碘片储备基地，公民亦可免费申领。

此外，政府有关部门会同38个隶属核电设施所在省议会的"地方信息委员会"等组织了30多场公共信息会议，与公众开展相关交流，以期人们能了解放射性泄露的正确应对方法。这些"地方信息委员会"向核电运营商提出的问题必须在8个工作日得到答复，且每年组织到核电站现场参观，举行至少2次例行会议，允许公众向核电运营企业代表就核电站重要信息和运营情况提问。为应对恐怖分子可能袭击核电站的风险，法国还成立了国家核安全特别指挥部，以便协调、改善对核设施与核材料的保护。

在核电安全方面，法国一直坚持信息的公开与透明。早在2006年6月，法国就颁布了《核电安全与信息透明法令》，赋予了"法国核安全局"独立的行政机构法律地位，将"地方信息委员会"纳入法律范畴并保证了资金来源。法令对核信息透明的定义是"为保证公众获得可靠的核安全信息而采取的全部措

第四章　域外运用法律手段破解环境邻避冲突困境的典型案例和法律应对基本经验

施"[1]。核电站任何排放界限的改变与取样变化均需征求公众意见,所有核电站必须向公众提供有关水质取样、核废料及环境监督的信息。每个核电站均拥有"公众信息中心",核电站周边环境监督综合报告必须每月在所属核电企业的官网公布以备查。每个核电站要撰写有关环境监督的年度完整报告,即"核信息透明与安全报告",并递交"地方信息委员会"。

日本福岛核事故发生后,盖洛普国际调查机构对47个国家所做的调查表明,邻避效应并未因此普遍化。其中10个国家受福岛核事故影响较小,大部分公众仍赞成核电,包括美国和法国。8个国家大部分公众之前支持核电,福岛核事故后反对核电。法国民调机构"舆论之路"2017年3月公布的调查结果显示,约62%的法国民众对核电持欢迎态度,认为不应放弃发展核电。上述结果,与法国坚持核信息透明化、核设施决策分权化、不断完善核安全措施有关。[2]法国斯特拉斯堡大学研究"邻避效应"的专家帕特里克·龙达在其分析报告中,也强调了法国"及时发布信息、采取相应行动等可以使周边居民的担忧最小化,比如发放预防用的碘片。事实上,在这种情况下人们相信所采取措施的有效性,感觉自己受到了保护"。

(二) 法国推进废弃物处理设施建设的法律启示

针对废弃物处理设施的建设,法国也有其独特的应对措施,主要通过设定不同税率和收购价格等来实现。

首先,设定不同税率和收购价格。从填埋税、焚烧税到针对填埋场生物气体与甲烷发酵的收购制度,法国根据不同处理方式设定了不同的税率和收购价格,通过合理的税费政策诱导

---

[1] 韩从容:《突发环境事件应对立法研究》,法律出版社2012年版,第142页。
[2] 李永群等:"发达国家如何破除'邻避效应'",载《人民日报》2016年12月21日。

废弃物处理方式由填埋、焚烧向其他方式转变，比如厌氧消化等。同时，对于高效填埋气回收和能源效率高的焚烧等设定更低的税率，以提高资源化处理率。

为了控制废弃物填埋量，法国于 1992 年设立了填埋税，1993 年以后，为了提高资源化处理率，部分税收被用于对分类收集、收集中心、分选装置、资源化处理装置等投资时的补助。1995 年至 2003 年，原材料回收与能源回收量不断增加，填埋量有一些减少，不具备热回收功能的焚烧设施大大减少。相应地，提高资源化率的设施补助也因此而增加。2007 年法国出台环境格勒纳勒方针，废弃物管理不断完善，环境格勒纳勒方针设定了控制排放、资源化处理率、堆肥、甲烷发酵的有机性废弃物数值目标。[1]

其次，通过建造 MBT 设施努力与周边居民达成共识。为应对焚烧设施选址难这一问题，法国通过建造 MBT 设施并试图与居民达成可行协议。MBT 设施运营的目的是从废弃物中回收可资源化利用的物质，通过制造生物气体、堆肥、固体燃料，最终实现搬入填埋场的废弃物数量的减少，从而延长填埋场寿命、减少焚烧设施排放的污染物。焚烧处理在废弃物处理方面占有一定位置，但是新建项目总是受到当地反对，于是自治体不得不提出解决方案（MBT、甲烷发酵等）。马赛的设施就是一个典型，设施建设由于受到反对派向法院的申诉而被迫停止，最终以建设有甲烷发酵的 MBT 设施达成协议。甲烷发酵设施是遭受反对较少的设施，目前有 6 个设施正在运营。

最后，为加强居民的环保意识，法国的 MBT 设施中设置参观者专用通道，提高废弃物处理过程的透明度，既实现了废弃

---

[1] 杭正芳：《邻避设施区位选择与社会影响的理论与实践》，西北大学出版社 2014 年版，第 137~138 页。

第四章 域外运用法律手段破解环境邻避冲突困境的典型案例和法律应对基本经验

物资源化利用,又助推市民成了废弃物处理的主力军。

四、德国破解环境邻避困境等典型案例的分析

德国萨克森-安哈特州是传统化工基地,尤其是萨勒县辖区内有上百家的化工企业,可以说这些化工企业就是居民生活的一部分,与当地居民生活息息相关。因为这些化工企业,萨勒县曾出现过环境极其恶化的情况,德国统一后,德国政府开始大力整治化工企业,在解决环境邻避问题的过程中,形成了许多典型案例和一系列有效的政府法律规制措施。其特点主要有:

(一)程序层面:严格的审批和监管程序

在德国,在居民居住地旁边新建化工企业或者开展新的化工项目时,都需要通过严苛的行政审批程序,即通过严格制定的标准,有合格的环保、安全生产的人员与设备设施和风险预防措施等。政府在通过此类项目的审批时,也会通过媒体向当地民众公开,解决相关居民的合理疑虑。政府也会对相关化工项目履行严格的事后监管程序,以法律手段为主,其他技术、政策、经济、道德手段并重,积极推动由单纯监管向依法规制和治理转变。

(二)制度层面:完善的事故通报制度

处理环境邻避问题其中重要的是,邻避事件发生后如何处理所涉企业与周边居民的关系问题。2015年,德国巴斯夫集团位于路德维希港的化工厂曾发生过剧烈爆炸,可以说任何一家化工企业都有发生事故的重大环境或者安全风险。政府和企业都必须时刻保持警惕,在尽量避免事故发生的同时,积极与事故周边民众做好积极沟通,为此德国建立了一套完善的应对环境邻避事件的事故通报制度。在企业方面,事故发生后,企业必须将事故发生的时间、地点、原因等信息录入事故通报系统

121

网站，并且任何人可以在该系统网站查到相关信息，相关事故信息的真实性与企业的资格相关联。在政府方面，则设立事故应急小组，常设小组 3 人，事故升级可拓展到 12 人，由确定的负责人牵头，医疗、法律、技术等专家参加，决定人员救援、信息公开和灾情评估等事项。

（三）监督层面：有效的公民利益表达机制

2015 年巴斯夫集团路德维希港化工厂发生爆炸后，一些民众认为这只是一次意外，并且对巴斯夫集团的生产安全依然保持信心。巴斯夫集团相关负责人表示，没有引起公民邻避运动的原因在于，长期与民众保持的公开、有效、透明交流。就在当时事故发生后，巴斯夫集团紧接着就发布了相关新闻，开通了专门的市民热线电话，并联合当地政府召开了两次新闻发布会，通报事故处理情况和最新进展，还向员工和厂区附近居民发放相关材料。最后，厂方公布了拟定的后续恢复和发展计划。

位于萨勒县的美国陶氏化学公司园区安全生产和环保部门负责人表示，其部门的雇员人数远远超过了法律规定，并且会定期邀请员工及其亲友或附近居民前来参观，让居民安心在化工厂附近生活。据统计，2015 年德国化工企业发生工伤的比例是每千人 14.5 人次，而这个工业园仅有 1.15 人次。

同时，德国政府为解决这类环境邻避运动中公民利益的表达问题，特别在联邦议会和州议会设立了申诉委员会。公民或者社群可以就利害关系事务向申诉委员会申诉。为了申诉方便，还开通了网上在线处理申诉的服务以及电话处理申诉服务，有些州还设立咨询接待日或者建立专门的咨询接待机构，形成了有效、公开、透明的公民利益表达机制，有效解决了德国的环境邻避冲突问题。

第四章 域外运用法律手段破解环境邻避冲突困境的典型案例和法律应对基本经验

五、英国破解环境邻避困境等典型案例的分析

邻避运动在英国同样也不可避免,甚至有愈演愈烈之势。大多数"邻避"项目周边居民持有的态度和想法是,对政府建设公共设施或者其他项目是基本持认可态度的,但是反对这些设施和项目建在自己的居民区附近。如何破解环境"邻避"困境,也就成了政府建设相关公共项目时必须考虑和解决的问题,如果处理不当就会激化政府与周边民众的矛盾。英国面对本国的环境"邻避"运动主要有以下四种法律治理措施:

(一)保障周边居民的直接参与权

居住地旁政府邻避公共设施和项目建设与居民切身利益息息相关,个体的诉求不同,居民对邻避设施建设的要求也就不同,反对的也会很多。英国政府允许周边居民对邻避公共设施和项目行使直接参与权,这不仅可以让居民切实感受到此类设施的好处和弊端,而且可以调动居民参与建设的积极性。并秉持只要对周边居民说明利害关系和确定必要的保障机制,并进行耐心解释,就可以有效避免"邻避"运动,这也是英国解决环境"邻避"困境的主要做法。当然,英国相关政府也把公民直接参与的阶段要求和程序进行了细化,并用法律进行明确规定,这可以更好保障公民的直接参与权。

(二)完善公民行使参与权的程序

首先,较完善的信息公开程序。在英国的街道上人们几乎看不到垃圾,英国对于垃圾处理有十分成功的经验。英国萨塞克斯大学科学技术政策研究中心研究员吉尔认为,"参与、透明和信任"是垃圾处理成功的关键,民众有权查阅垃圾焚烧厂对环境产生影响的全面评估报告。政府在建设邻避公共设施和项目时应做到公开透明,让居民对邻避项目将带来的好处及潜在

的危险等享有充分的知情权。政府也会发邮件告知相关居民在建项目相关情况,以征求周边居民的意见。信息公开程序要求政府主动进行公开,侧重于保障公民的一般知情权和监督权。在面对环境"邻避"困境时,相关政府应进行最大限度的信息公开,不能公开的也充分说明理由,以避免引发群众的抵触心理,进而引发环境"邻避"冲突。

其次,规范有效的听证程序。随着邻避项目的推进,英国政府会适时举行各类"听证会",居民可以表达自己的反对或者支持意见,最终由负责建设的专门委员会根据民主投票原则来决定。听证会应该公开举行,这有利于对行政决策程序的监督。其启示在于:我们在一些邻避公共设施建设中,应该充分利用好听证程序,保障公民在邻避设施建设过程中参与最终决定的权利。

(三)制定完备的法律予以规制

英国建设垃圾焚烧厂处理垃圾产生的环境和健康危害时,很少会发生所谓的环境邻避运动,其根本原因在于英国立法精确到位、政策和法规也比较完善,有一套完善的邻避纠纷处理机制。自1848年英国颁布《公共卫生法》以来,与垃圾处理有关的资源化利用、无害化处理等法规不断得到完善。政府对此类邻避公共项目的建设具有较大裁量权,并由专门法律对此进行明确规定,这既可以防止相关公权力的滥用,也有效保障了公民对政府的监督权。

(四)妥善运用激励和补偿手段

英国垃圾处理方面另一个值得借鉴的经验是,对激励和补偿机制的有效运用。英国的邻避项目激励机制,主要是指垃圾处理厂附近居民可享有垃圾处理厂带来的各种利益,包括因此增加的就业机会和垃圾处理时的便利等,使在建地居民在承担

第四章　域外运用法律手段破解环境邻避冲突困境的典型案例和法律应对基本经验

一定环境风险的同时，也成为实实在在的受益方。其补偿机制主要是指对附近居民实施的各自优惠政策，主要分为货币补偿和非货币补偿两种方式。货币补偿可包括：减免税费、给付金钱、健康保险、水电燃气费用的减免，以及其他经济利益保障等；非货币补偿方式可包括：增加公益性设施、房屋置换与搬迁、医疗保健服务、房地产价格保证、就业提供、小区环境改善等其他公益性产品。

六、其他国家和地区破解环境邻避困境等典型案例的分析

（一）新加坡破解环境邻避困境等典型案例的分析

新加坡是一个岛国，国土面积狭小，人口分布集中，没有广阔的偏远山区安置化工企业以及垃圾焚烧设施等。裕廊岛是新加坡化工设施的主要所在地，但距离新加坡岛只有大约1公里的距离，新加坡岛上的居民区可以清晰地看到对岸的化工设施。由于国土面积狭小，国家又不能对某些重要产品全部依赖进口，所以新加坡不能不发展本国的化工业。因为客观条件的不允许，该国没有多余的空间专门划出一个绝对与人口密集区隔离的地带进行邻避设施建设。所以，只能尽最大努力保证该国相关邻避设施的绝对安全，这就需要时时注意维护这类设施的安全生产和正常运行。"从新加坡的经验来看，疏解邻避效应的关键，不在于将化工厂或垃圾焚烧厂放置在尽可能偏远的地方，而在于如何保证安全生产措施不成摆设。"[1]安全生产是新加坡邻避设施的必备通行证。

新加坡预防邻避危机的方式，除尽可能将化工产业远离本

---

[1] 陈济朋："新加坡疏解'邻避效应'之鉴"，载《新华每日电讯》2016年8月10日。

国居民区、商业区等人口密集区之外,就是最大限度地做到邻避信息的透明、公开,增强公众对邻避设施处于安全状态的信心。邻避危机出现的原因很复杂,但是信息不透明、不公开是其中很重要的因素之一。对于邻避设施的规划设计一般是政府与企业磋商在前,很多时候民众直到项目开工建设时才知道邻避设施要上马,这也很容易引发邻避冲突。事实上,民众的知情权受到侵犯是其一,其二是欺骗了当地民众的朴素感情,使当地民众对政府失去应有的信任,最终导致双方冲突激化。因此,新加坡避免邻避危机的成功之道在于:一是保证邻避设施的安全运行,采用技术上的高标准低污染;二是在严格管理、安全运行的基础上,做到相关邻避信息的公开透明,保障公民的相关环境权益。

实现信息透明有赖于双向的沟通,更确切地说,是依赖于政府主动的信息公开。这就需要加强民主政府的建设,民主在应对邻避危机事件时,除了具有信息收集的功能,还具有激励的功能。[1]由于要对当地人民负责,所以必然要为邻避设施附近的居民利益着想。民主不仅仅是简单的少数服从多数,还应当兼顾少数人的利益。因此,应当通过新闻媒体的全面报道,给少数人发声的机会。这突出表现在,"当裕廊岛发生炼化厂火灾时,在能够看到火灾现场的地方,当地消防部门负责人和炼化厂的高管,每隔几个小时就召开一次记者会。介绍救火进展,画图解释火灾现场的风险点在哪里,接受记者的追问。正是这些良好的沟通,让公众保持了对项目管理的信任"。[2]

---

[1] 关于民主的激励功能和信息收集功能,参见 [印] 阿马蒂亚·森:《正义的理念》,王磊、李航译,中国人民大学出版社 2012 年版,第 319 页。

[2] 陈济朋:"新加坡疏解'邻避效应'之鉴",载《新华每日电讯》2016 年 8 月 10 日。

第四章　域外运用法律手段破解环境邻避冲突困境的典型案例和法律应对基本经验

以上两类避免邻避事件发生的途径和方式，无论是加强邻避设施的安全生产管理，还是努力做好全面的信息公开，都只是消极地防止邻避设施附近居民的利益不至于减少。对于邻避设施周边的居民来讲，邻避设施的建设并没有给他们直接带来实际的福利，相反还潜在对其生命财产、身体健康带来损害的可能。因此，邻避设施附近的居民如果很少有激励基本不会积极支持该邻避设施建设的，这是经济学上再浅显不过的道理。指望人们为了公共利益而无私奉献，是对基本人性的刻意忽视。由此，就需要相关邻避项目所在地的政府，积极增加项目周边居民的各种可能福利，使其"有利可图"。新加坡政府采用此种方法，对受到邻避设施影响的居民予以了各种形式的补偿，这通常包括改善周围环境、建设游乐园、完善附近医疗保障体系等。

（二）荷兰破解环境邻避困境等典型案例的分析

AEB 全称 Afval Energie Bedrijf（垃圾废物和能源公司），位于阿姆斯特丹市和赞丹市之间的工业园区内。该公司主要焚烧阿姆斯特丹市内产生的垃圾，其垃圾中九成以上的物质可在焚烧后被再次利用。AEB 主要是通过以下两种途径避免周边居民因不满产生的邻避运动的，即公众参与和信息公开，成功破解了当地的邻避困境，使得 AEB 项目顺利完工，并安全运行至今。

AEB 在建设过程中采取了"可商榷的战略和计划"，对于项目建设的全过程展开公众参与，与当地民众形成一种相互信赖的关系。我国邻避项目的上马通常是当地政府的单方封闭决策，匆匆忙忙地下决定，如遇到大规模的邻避反对声音时，又立马叫停或者异地迁建。这不仅有损政府行政决策的权威和效率，而且会造成极大社会资源浪费。毋庸置疑，邻避设施的建设会影响当地民众的生活环境和生活质量的改变，在决定邻避设施应不应当建设以及在哪里建设的决策中,当地民众应当对此有知情权和表达意见的权利。AEB 垃圾焚烧系统在一开始就注重于此,在长达 6 年的时间里,当地民众对此计划进行了充分的讨论以及多次的实地考察。这种"可商榷的战略与计划",顾名思义,并不是在一开始时就是决策好了的,它只是提供了一个框架,允许当地民众对此进行商议和双方进行必要的妥协。"6年的可商榷方式避免了匆忙下决定或先斩后奏的印象,使得项目设计更加细致周到"。[1]尽管用了 6 年时间建立起相互信赖的关系,但这确实是一种还算不错的方式,也为以后项目具体推进过程中的一劳永逸带来了实际好处,很少造成单纯的武断式急躁决策的资源浪费和社会撕裂。

另外,信息公开、协商对话对于 AEB 项目的建设也是至关重要的。信息公开实际上是建立彼此信任关系的前提。许多邻避事件的发生,很大一部分原因就是决策的不透明,涉及该项目的相关重要信息不能及时公开。当官方信息不能及时披露,坊间关于邻避设施的相关谣言就会悄然产生并快速传播,进而造成当地民众的恐慌心理。AEB 项目在建设过程中,首先,坚持项目自身严格的排放标准,企业努力做到比政府规定的排放标准还要高,让周边居民能够建立起最基本的信任,不整日生活在焦虑中。这也证明,只有严格把握好项目运行的安全标准才能最终取信于民。其次,主动与独立的第三方非政府组织以及环保机构进行沟通联系,向他们介绍 AEB 项目建设中为控制污染所作的各种努力。通过此种方式,环保机构及非政府组织就由开始时的反对变为积极的支持,参与到后续的社区说服行动中。最后,在 AEB 项目完工后,仍然长期开展社区宣传和推

---

[1] 周丽旋等编著:《邻避型环保设施环境友好共建机制研究——以生活垃圾焚烧设施为例》,化学工业出版社 2016 年版,第 22 页。

第四章　域外运用法律手段破解环境邻避冲突困境的典型案例和法律应对基本经验

广活动,"提高居民对生活垃圾分类收集、处理处置的认识,提高公众参与的热情和能力,提高居民的参与程度"。[1]荷兰 AEB 项目通过积极地联系政府部门、非政府组织等机构,做到了充分的信息透明和平等式沟通交流,从而使邻避决策能让周边居民情愿接受,甚至让周边居民参与到垃圾焚烧项目的决策讨论中,这对我国相关邻避设施的建设是具有现实启发意义的。

(三) 韩国破解环境邻避困境等典型案例的分析

水原市垃圾焚烧厂是韩国破解邻避困境的一个典型例子。水原市在没有建立垃圾焚烧厂之前也曾面临垃圾围城的困扰,因为当时韩国处理生活垃圾的主要途径也是通过填埋。作为一个拥有将近百万人口的城市,水原市仅用一座垃圾焚烧厂就解决了自己面临的垃圾围城问题,且成功化解了邻避困境,有很多做法是值得借鉴的。

事实上,大部分邻避事件的发生在邻避设施选址阶段就已经爆发了。水原市垃圾焚烧厂在选址时也遭到了当地民众的反对。1997 年,韩国出台了《促进区域性垃圾处理设施建设法》,将邻避设施的建设分成三个步骤。首先,在进行邻避设施选址之前,主管机关会公布垃圾处理设施的建设计划和备选方案。然后,由邻避设施附近区域的居民组成选址委员会,自主选择专业机构评估、论证和进行筛选。并由居民代表、议员以及专家组成"居民支持顾问团",选择专业机构进行环境影响调查,确定"环境影响范围"。最终,主管机关对选址位置和图纸进行公示。

当地政府与附近民众协商确定邻避设施的选址位置和设计方案后,最关键的问题就是对当地民众要进行合理补偿。当地

---

[1] 周丽旋等编著:《邻避型环保设施环境友好共建机制研究——以生活垃圾焚烧设施为例》,化学工业出版社 2016 年版,第 22 页。

政府并不是直接给予现金补偿，而是通过间接方式实现的。垃圾焚烧厂运营方依法设立"居民支持基金"，以垃圾焚烧厂为中心，方圆300米以内的居民会得到各种形式的福利补偿。比如，附近民众进行文娱活动会得到优惠，供热取暖方面每月会得到政府的补贴等。这对于垃圾焚烧厂周围的房价也产生了一定影响。通常垃圾焚烧厂周围的房价会相对低一些，因为垃圾焚烧设施的存在会导致很多人心生厌恶情绪。但是，在水原市垃圾焚烧厂周围300米内的待出售房源，却由于当地政府的这些福利颇受欢迎。

水原市政府给予补偿仅仅是当地民众答应建厂的条件之一而已，垃圾焚烧厂还必须严格控制污染物的含量，不能对当地民众的身体健康造成损害。垃圾焚烧会产生有害的二噁英成分，这已经是常识了。垃圾焚烧过程中，降低二噁英成分的关键在于高温燃烧，使垃圾焚烧炉内的温度保持在1000℃左右，然后还需要降温处理，最后经过活性炭吸附，这样就可以很好地控制二噁英的成分。虽然，垃圾焚烧厂显眼的大烟囱冒着烟，但实际上那是高温燃烧产生的水蒸气。水原市垃圾焚烧厂曾经做过试验，即使将白色衬衫放在大烟囱口也不会变脏，只会变湿而已。在垃圾焚烧厂附近还竖立着电子广告牌，上面会时时显示垃圾焚烧产生的各项污染物指标。当然，在进行垃圾焚烧之前，对垃圾的分类回收处理也是必要前提。此外，水原市垃圾焚烧厂还强化了民间的监督。该市垃圾焚烧厂不仅设有民间监督员，还有民间监督小组。他们的主要职责是监督垃圾焚烧厂每天的运营情况，以及送入焚烧炉的垃圾有没有进行事先的分类回收利用。通过实行公开透明的焚烧厂运营监管，同时给予厂子周边居民许多优惠福利，水原市垃圾焚烧厂实现了与周边居民的和谐共处。

第四章 域外运用法律手段破解环境邻避冲突困境的典型案例和法律应对基本经验

（四）瑞典破解环境邻避困境等典型案例的分析

在瑞典，垃圾焚烧已成为国家能源计划中越来越重要的一部分，在整个国家能源系统和环境保护中起到越来越重要的作用。瑞典是世界上首个采用垃圾焚烧发电技术的国家，其后北欧国家也争相学习，甚至在北欧还引发了"垃圾争夺战"。当世界上其他国家面临"垃圾围城"困境之时，瑞典却因为垃圾短缺而发愁，甚至需要从国外进口垃圾进行焚烧发电。对比如此鲜明，非常值得我们认真研究。

其实，在早期垃圾焚烧过程中，瑞典的一些邻避设施进行得并不顺利，也曾爆发过令人注目的"环境邻避危机"。刚开始，垃圾焚烧产生的二噁英曾在瑞典社会引发公众的极大担忧。该国政府的做法是立即停止垃圾焚烧厂的建设，并对公众的担忧进行实际调查研究，在事情调查清楚之前，瑞典政府颁布了建设垃圾焚烧厂的禁令以及二噁英成分的排放限量。面对公众对此问题的急切担忧，瑞典政府并不是立刻进行解释或者保证不会对公众身体健康产生损害。而是在进行细致调查研究得出科学结论后，才取消了建设垃圾焚烧厂的禁令，并逐步新建最新技术、最高标准的垃圾焚烧厂，并改进以前可能已老化的垃圾焚烧技术。

垃圾焚烧现在已经成了瑞典处理生活垃圾的主要方式，而且垃圾焚烧所占的比例占所有生活垃圾处理途径的一半左右。其他另一半的生活垃圾则采用多样化的处理途径，其中大部分被回收利用，还有的被制作成肥料，仅有很少一部分被填埋处理。瑞典对于生活垃圾的焚烧处理似乎颇为偏爱，也许是在充分的调查研究中发现了垃圾焚烧在"减量化、无害化"[1]方面

---

[1] 周丽旋等编著：《邻避型环保设施环境友好共建机制研究——以生活垃圾焚烧设施为例》，化学工业出版社2016年版，第22页。

的优点。同时，瑞典也禁止可燃烧垃圾和有机垃圾的填埋处理，对这些类型的垃圾必须进行焚烧处理。因为瑞典的供电与取暖相当一部分能源是依赖于垃圾焚烧的，随着该国垃圾分类工作的深入细致推进，很大比例的垃圾被回收再利用，现在很多瑞典城市出现了难以想象的无垃圾可烧的现象，他们甚至需要通过进口垃圾进而焚烧来满足自身对发电供暖的需求。

瑞典有着先进的垃圾焚烧技术，每年把大量的回收垃圾转变为能源，不仅可为 25 万户家庭供应电力，还足够为 90 万户家庭供应暖气。瑞典每年从挪威、英国、荷兰等国进口的垃圾高达 200 万吨，但仍远远不够。在高效的垃圾焚烧转化技术支持下，瑞典的垃圾焚烧企业利润颇丰，社会形象也较好。瑞典的垃圾焚烧厂处理垃圾会收到一笔垃圾处理费，垃圾焚烧发电后给周边民众供电供热，这也可以给附近居民节省一笔不小的开支，正是在这些可观利润的驱使以及当地政府的大力支持下，瑞典的垃圾焚烧厂如雨后春笋般出现。于是，也就顺理成章地出现了其他国家少有的"垃圾短缺现象"。

总之，瑞典政府在处理垃圾焚烧的问题上，遵循科学、公开原则，不断完善环境保护规定，特别是垃圾焚烧方面的法律制度，如禁止将可燃烧垃圾和有机垃圾填埋，从而极大推进了该国垃圾焚烧项目的建设进程。其次，从居民内部入手，做好耐心细致的科普宣传工作，让居民真正认识到垃圾焚烧是基本无害且惠民的公共工程，而且此过程中体现了当地政府和所涉企业的充分诚意和细心。再者，该国注重从源头治理，精细化进行垃圾分类，严格把控垃圾焚烧类型，从而使瑞典垃圾焚烧厂的建设一直走在世界前列。

第四章 域外运用法律手段破解环境邻避冲突困境的典型案例和法律应对基本经验

第二节 域外运用法律手段破解环境邻避困境的基本经验

作为后发展中国家，我国的现代工业起步较晚，城市化发展不均衡、邻避冲突纠纷不断等问题也是近些年才显现的。一方面，人类所面临的问题是共通的，需要彼此之间的协作才能解决；另一方面，我们今天面临的问题，发达国家在其实现现代化的过程中也不同程度遇到过，有的甚至已经成功获得了解决。他山之石，可以攻玉。在前面研究分析了部分典型国家和地区解决邻避困境的方式后，此处需要对其进行系统性总结，这对我国提炼有效的邻避问题法律应对模式和方式都是非常必要和重要的。

一、主张最大限度的信息公开，注重保障周边民众的知情权、参与权等权利

信息是作出判断的基础，在解决邻避困境时信息公开是首要的问题。政府在邻避设施的规划建设中，往往是采取单方面封闭决策的方式。由于邻避设施本身具有潜在的危险性，信息的不公开首先透露的是，政府对于安全技术的不自信。但是，正因为邻避设施自身的危险性，政府为避免当地民众抵制才会更多选择秘密决策方式。当邻避设施破土动工时，民众知晓此事，这又会加深民众的被欺骗感，很容易导致对政府的信任危机，最终引发邻避事件。而当一系列的不信任事件积少成多最终爆发后，一些政府就很容易掉进塔西佗陷阱之中不能自拔[1]。

---

[1] 塔西佗陷阱，指的是政府部门在失去公信力后，无论说真话还是假话，做好事还是坏事，都会被认为是说假话、做坏事。转引自韩宏伟：“超越'塔西佗陷阱'：政府公信力的困境与救赎"，载《湖北社会科学》2015年第7期。

邻避困境实际上体现的是一种紧张错位的官民关系。邻避项目秘密决策的方式，如果从法律层面讲是违反了正当的决策程序，忽视了民众的知情权、参与权。虽然，由民众参与决策不能让民众完全赞同政府的方案，但至少能缓和民众与政府的对立情绪，增进民众与政府之间的互相理解和支持。民众通过对于邻避设施的参观和了解，也可以减少其嫌恶感。同时，也可以从"可行能力"的视角来认识此种颠倒关系。印度籍诺贝尔经济学奖获得者阿马蒂亚·森首先提出了"可行能力"的视角。"可行能力"实质上是民众自己选择生活方式的自由。政府秘密决策，邻避项目信息不公开或不完全公开，不仅是对民众知情权等保障的无视，也是对民众可行能力的剥夺。封闭化决策的行政理念往往将发展秩序和效率放在第一位，而将人的权利保障放在第二位。这有些颠倒了人与物的主次关系，毕竟一切发展的最终目的都是保障人民的利益，人应当是目的而不是手段。"对发展状况的评价是与人们的生活及其真正享有的自由密不可分的。不能仅仅依据硬性指标的提升，比如国民生产总值（或者个人收入）的增长，或者工业化的进步来看待发展，尽管它们是实现目的的重要手段。它们的价值必须取决于它们对相关人的生活和自由产生什么影响，这是发展理念的核心。"[1]所以，在作出重大邻避项目决策时，有序分步骤的邻避信息公开和相关公民权利的保障是应该被考虑的，也是应该采取某些有效措施予以保障的，这也是与促进当地经济增长和维护邻避项目推进秩序不完全冲突的。当然，有些西方学者认为，应该进行广泛的公共讨论，在公共理性的基础上作出的决策才最好最优，这是比较理想化的状态，或者说是比较适合西方社会的邻

---

[1] [印] 阿马蒂亚·森：《正义的理念》，王磊、李航译，中国人民大学出版社2012年版，第322页。

第四章　域外运用法律手段破解环境邻避冲突困境的典型案例和法律应对基本经验

避决策方式，对此我们还是要采取有分析、有批判的谨慎态度，毕竟中国和西方社会在诸多方面还是有较大差异的，采取不顾国情的简单移植拿来不免会水土不服，甚至会引发新的决策风险和邻避危机。

西方国家普遍认为，公共讨论以及基于公共理性作出相关决策，基础在于充分的信息公开，没有信息公开则无法作出决策。公开的信息如果是片面的，作出的决策也会是片面的。其往往认为，邻避事件的爆发是典型的以公共利益名义牺牲了少部分人的利益。对此，我们认为在邻避项目的公共利益面前，并不必然是让合法的私益缺位让位的，通过采取有效举措是完全可以实现"公私兼顾"的，这种对立性思维方式不一定完全适合我们的国情，在很多邻避事件的处理中也不免会带来一些副作用。邻避项目的决策过程往往采取少数人服从多数原则，但还应当兼顾少数人的合法权益，充分照顾其真切需求和权利主张。在我国，在邻避项目推进过程中，还可以换一个思路，充分发挥新闻报道、各类新媒体的积极作用，因为过往的经验表明，很多邻避项目推进过程中出了问题封闭决策是一个重要原因，一些新闻报道和新媒体的及时跟进是发挥了舆论监督作用的，也部分避免了更大邻避危机的发生。邻避困境并不是一个死结，只有依法转变决策理念，补齐邻避信息公开和公民相关环境权益保护的短板，经不断分析总结中西方邻避项目推进过程中的经验教训，并加快实现规范化、程序化才能有序推进我国的邻避项目建设。

二、避免损害周边居民利益，积极提供各类福利供给

消极不损害邻避设施附近居民的利益[1]，可以从很多层面

---

[1] 这里的消极不损害包括：民众的生命、健康和财产安全。

上解释,当然也包括不损害民众的知情权等权利。邻避设施规划推进中的民众知情权是应该予以保障的,也是回避不了的,但是相关邻避项目的技术安全却是相对的。技术并不总是完美无缺的,正因为邻避设施本身固有的危险性、风险性,才会导致民众的抵制。再加上一些政府的封闭式秘密决策,更会让所涉民众深深怀疑邻避项目采取技术的可靠性。因此,保证邻避项目周边民众的知情权、参与权等,让邻避决策更加公开透明,是邻避项目推进各方义不容辞的社会责任,虽然我们无法绝对排除邻避项目技术上的安全隐患,但做好必要的信息公开和耐心地说服解释工作,至少可增强项目周边民众的信心和容忍度。加之,对一些新建的邻避设施进行严格管理,不断提高其技术标准和生产工艺,让民众和媒体等方面积极参与对邻避设施运行的监督,就会极大降低民众的排斥心理和厌恶情绪。

如果从宪法学意义上讲,政府建设邻避设施对于附近居民是一种基本权利的侵犯,不论这种基本权利是环境权还是生命权、健康权、财产权。基本权利具有防御权功能、受益权功能和客观价值秩序功能。相对应的,国家对于民众负有消极不侵犯的义务、积极给付的义务以及保护义务。[1]邻避设施的建设实质上也是对附近民众生活的干预,需要得到当地居民的同意与支持。对于邻避设施的安全保障应是一种国家义务,虽然是由企业来运营,但实质上是以政府权力为支撑的。

在行政给付层面,政府也应当积极增加当地社区的福利。这种福利并不能理解成是政府给予当地居民的奖励,本质上也是一种补偿。从可行能力视角看,邻避设施的建设打破了原来社区的生活,必然会对当地居民的可行能力造成影响。尤其是

---

[1] 张翔:《基本权利的规范建构》(增订版),法律出版社2017年版,第69页。

第四章　域外运用法律手段破解环境邻避冲突困境的典型案例和法律应对基本经验

像垃圾焚烧厂、核电站等邻避设施，很可能对当地居民的身体健康造成较大影响，还会贬损当地社区的房产价值。这就造成对当地居民可行能力的剥夺，政府的积极给付义务是必然的。例如，建设和完善当地的医疗保障系统，给予居民相应的优惠。

　　经济补偿一般分为货币补偿和实物补偿两类。货币补偿是政府、项目单位给予邻避设施周边社区一定数额的回馈金，回馈金一般不可直接发给居民，只能用作社区建设的基金。实物补偿则是以提供公共设施或社区公共服务的方式对周边居民进行补偿，如提供就业岗位、修建道路、建设图书馆、兴建游乐设施等。[1]但是，在建立补偿与回馈机制时，应当考虑代际的公平。当前当地的环境不仅属于当代人，同时也属于其子孙后代。不能以牺牲子孙后代的利用和享受环境权利为代价，忽略长远的利益。就经济补偿的方式而言，应当以实物补偿为主，辅之以货币补偿。实物补偿方式同时可以为当代人和后辈带来生活上的便利，它需要政府的固定出资和经常性维护。货币补偿则仅仅是短暂的、临时性的回馈措施，而且还面临货币贬值等问题。尤其是不能以一种固定的货币金额整齐划一的确立补偿标准，因为随着时间推移，当初确立的货币补偿金额在以后会变得微乎其微。就经济补偿的来源而讲，通常由政府和邻避设施运营方共同出资。政府应当有固定的预算予以支付这类经济补偿金，并专款专用。邻避设施运营方的出资应当以获取利润的一定比例出资，或者给予当地居民利用邻避设施附属的优惠福利，甚至是免费性质的。

---

〔1〕　管在高："邻避型群体性事件产生的原因及预防对策"，载《管理学刊》2010年第6期。

三、所涉邻避企业注重安全生产,让相关的环保监测设施不再是摆设

邻避设施之所以不受欢迎,在于其有一定的负面效应,而该负面效应是由附近居民承受的。虽然,可以给予附近居民一定的经济补偿,但是在生命与金钱之间,大部分居民还是会出于生命安全的考虑而拒绝邻避设施的建设,所以对于邻避企业的安全生产标准要求是很高的,一些发达国家的邻避企业基本都做到了这一点。反观我国目前的情况,有些邻避企业的技术标准并不高,邻避设施的潜在危险性也并不能为人们全部预测和控制,而且目前的问题是,就是有些能够被控制的危险因素却往往由于人为的疏漏而造成了新的隐患。绝大部分邻避设施带来的外部负面效应是环境污染,继而间接对附近居民身体健康造成损害。虽然,我国的一些邻避设施一般都配备了环保设备,但是实际利用率并不高,这些环保设备就有可能成为摆设。

其重要原因在于,环保设备的运行会极大增加企业运营成本,排污等还需要行政许可。在邻避类企业经济效益普遍不太理想的情况下,经济上和行政上的双重负担,导致运营企业不愿意开启环保设施就很正常了。当然,邻避企业不积极运行环保设备并不代表不产生"三废"等污染物。不运营环保设备必然造成无序排放,会导致私排乱排等违法现象严重,这会对邻避设施附近居民的身体健康造成巨大损害。相应的,我国对于环保设备的运行也应当从两方面予以规制和强力督促。邻避设施运转产生的附带污染物,对于周边居民的身体健康影响往往是隐蔽的、长时的和慢性的。邻避设施运营单位和当地政府应当共同出资建立一笔基金,给附近居民用来买相应的保险。购置环保设备较昂贵,加大企业运行成本的事很少会有企业主动

去做。一方面，政府应当针对邻避设施运营单位购置环保设备进行相应补贴，使其成为具有公益福利性质的设施。另一方面，对于偷排污染物的单位应当予以严厉的行政处罚[1]，甚至是追究刑责。

四、推进垃圾焚烧发电技术升级，变废为宝，提高企业的社会形象

瑞典在早期面对垃圾围城问题时，同样一筹莫展。在通过大力发展垃圾焚烧技术后，竟然本国垃圾都不够焚烧了，还需要大量进口欧洲其他国家的垃圾。垃圾焚烧发电技术是结合垃圾焚烧厂和发电技术的综合工程。但是，垃圾焚烧发电技术不能得到普遍推广应用的重要原因在于，垃圾焚烧产生的二噁英等有毒气体会对人类身体造成巨大危害。垃圾焚烧产生的二噁英等气体已成为世界普遍关注的问题，鉴于二噁英类剧毒物质对环境造成的巨大危害，有效控制二噁英类物质的产生与扩散，就直接关系到垃圾焚烧及其发电技术的推广和大范围应用。

目前，垃圾焚烧发电技术主要采用控气型热解焚烧炉，其主要目的在于有效控制垃圾焚烧中产生的二噁英气体。控气型热解焚烧炉有效控制二噁英气体的工作原理在于：采用了二级焚烧室技术，就是进行两次焚烧。一级燃烧室，也就是第一次焚烧，会在700℃高温下分解垃圾。在高温缺氧状态下焚烧垃

---

[1] 我国《大气污染防治法》第99条规定："违反本法规定，有下列行为之一的，由县级以上人民政府生态环境主管部门责令改正或者限制生产、停产整治，并处十万元以上一百万元以下的罚款；情节严重的，报经有批准权的人民政府批准，责令停业、关闭：（一）未依法取得排污许可证排放大气污染物的；（二）超过大气污染物排放标准或者超过重点大气污染物排放总量控制指标排放大气污染物的；（三）通过逃避监管的方式排放大气污染物的。"

圾，会减少二噁英等有毒气体产生。对于产生的少量二噁英气体将进行二级焚烧。二级燃烧室的设计采用了较长的烟道，使气体经过的时间变长，再加之 1000℃ 的高温焚烧，保证了二噁英等有毒气体在高温下完全分解燃烧。即使经过二次燃烧还会有少量二噁英气体残留下来，在二级燃室入口还有副燃烧器，当系统检测到二级燃室出口烟温小于一定值时将自动点火补燃。这相当于进行第三次燃烧，这样经过反复燃烧、补燃程序，直到二噁英气体完全分解才会排放出来，这样二噁英等有毒气体就最大限度得到了控制。以上只是垃圾焚烧技术中简单的工作原理，实际的垃圾焚烧技术要更复杂和精细，也只有经过层层过滤燃烧，才会保证有毒气体的完全消解。

  垃圾焚烧技术一般要遵循"四不烧"原则：不分拣到位不焚烧、不财政全额不焚烧、不公开透明不焚烧以及不公平补偿不焚烧。[1]垃圾分类是垃圾焚烧的前提，在韩国水原市垃圾焚烧厂的案例中，垃圾分类发挥了显著作用。这就要求政府必须提供完善的垃圾分类设施和细化分拣制度。完成垃圾分类才能进行更细致的燃烧，但我国的现实执行的情况却不是很理想，这也是近几年加快垃圾分类强制立法的重要原因。垃圾焚烧发电作为一种半公益福利性质的事业，完全实现市场化是不可能的。市场经济具有逐利性，垃圾焚烧发电事业伴随着巨大的商业风险，而且建设垃圾焚烧发电厂需要进行征地补偿，这些都需要政府的协助乃至主导全过程才能完成。面对城乡不断严峻的垃圾围城问题，提供垃圾焚烧厂建设用地及相应的财政补贴也是政府提供公共服务的事项。就我国目前的情况而言，即使不是当地政府全额出资，引进民间资本进行建设和运营，至少

---

[1] "垃圾焚烧发电"，载 https://baike.baidu.com/item/垃圾焚烧发电/4092866? fr=aladdin，最后访问时间：2019 年 12 月 29 日。

第四章 域外运用法律手段破解环境邻避冲突困境的典型案例和法律应对基本经验

也应当是政府提供大部分所需资金的补贴。再者，能否做到垃圾焚烧全程公开透明，也应是决定垃圾焚烧发电项目能否上马的重要指标。垃圾焚烧发电厂的建设和运行必须做到面向整个社会，尤其是应向作为潜在受害者的附近居民进行全方位开放，接受整个社会尤其是所在社区居民的全方位监督，就像韩国水原市的做法一样，让附近社区居民积极参与垃圾焚烧发电的全过程，这样才能真正取信于人，让周边居民放心。

最后，垃圾焚烧发电必须给予周边居民公平的补偿。利益允许置换，不能被牺牲，无论当事人是多数人还是少数人。这就需要邻避决策建立在广泛的信息基础上，然后进行充分高效的互动交流，甚至是必不可少的妥协。如果附近居民不能发声，合理表达自己的观点，这有可能会造成少数人的利益被多数人的利益绑架，无法有效保护少数人的利益。在附近居民支持项目建设的同时，还应当给予其公平的利益补偿，弥补邻避设施建设对其原来生活秩序造成的损害。即使这种补偿不能使居民完全恢复之前的生活状态，也是政府或建设方必须做的。以上这些原则的坚守，必然会极大提高垃圾焚烧类邻避企业的社会形象。

五、修饰美化邻避设施周边环境，努力与居民周边环境融为一体

说起邻避设施，给人的通常印象都是裸露生锈的垃圾焚烧厂、安全生产技术要求很高的PX企业等，远远看上去就像一个怪物，有的甚至会与周围景观格格不入，甚是碍眼。为了消除当地居民对邻避设施的嫌恶感，国外的邻避设施建造一般都是颇具艺术感的，有的直接围绕邻避设施建设相应的主题公园，反而使邻避设施成为一道靓丽的风景线。

新加坡被誉为"花园城市",其国内的景点大多是围绕此目的建设的。新加坡超级树是国内近年来赴新最热门的旅游目的地之一。新加坡超级树其实是一个个树状形的超大排气烟囱。它的地下是一座生物能源发电厂,垃圾焚烧的排气系统就是由这18棵巨大的超级树构成的。但是,令人意想不到的是,新加坡人将这18棵大烟囱做成了一颗颗梦幻的巨型超级树。每棵超级树高25米到50米不等,周身缠绕着各种热带开花攀缘植物、附生植物和蕨类植物,每棵树就是一个垂直花园,白天可以为树下的人遮阳挡雨,晚上在灯光的映衬下,则给游客呈现出另一个梦幻世界。正是因为这种智慧,新加坡人就轻松地将"邻避"转化成了"迎臂"。

其他欧洲国家也都采用这种办法,或者将旧的厂矿区进行改造,或者对邻避设施进行美化装饰,使得其邻避设施与周围景观协调一致。甚至,有的地方正是因为邻避设施的修建和改造带动了附近社区的发展。如果采取这种方式,完全可能将邻避设施建在城市中心,成为地标性的建筑。奥地利著名生态建筑设计师百水先生,擅长将技术、生态与艺术等元素融合在其设计主题中,先后设计了日本大阪舞洲和奥地利施比特劳的垃圾焚烧厂。两座垃圾焚烧厂色彩缤纷、外观造型独特,远远看上去就像一座主题公园或是迪士尼城堡。尤其是施比特劳的垃圾焚烧厂,其虽在维也纳这座充满艺术气息城市的城区,但却与周围景致毫无违和感,甚至成为一个当地的地标建筑,是一大旅游卖点。法国巴黎 Issy-Ies-Moulineaux 垃圾焚烧厂,位于法国首都巴黎西南,一个宽110米、长375米、高21米的现代建筑静卧在塞纳河河畔。用当地民众的话说:它像一座豪华的写字楼,像一个绿荫环绕的图书馆,像医院,像学校,就是不像垃圾处理厂。然而,这正是欧洲最大的地下垃圾处理厂——

第四章　域外运用法律手段破解环境邻避冲突困境的典型案例和法律应对基本经验

"依塞纳"的地面部分。该厂在前期规划中就十分注重与周边环境的融合。出于景观要求，其厂房设计高度不高于附近树冠的高度，其屋顶绿化覆盖率却超过50%。该厂主要设备都安置在地下，为此，项目向地下深挖，其土建费用远超常规垃圾发电厂，最低处为负51米。[1]而丹麦的"能源之塔"被誉为"世界上最美的垃圾焚烧厂"。它的外墙采用了特殊的多孔设计，这让它看起来极具观赏性，尤其是到了夜晚，人们还能透过这些孔看到炉内发出的光。

反观国内建设的邻避设施，虽然简单实用，但是在设计上花的工夫明显不足，一旦出现环境污染，怎能不引起附近民众的嫌恶呢?！而且，大多数国内邻避设施都是修建在较偏僻的地方，远离城市核心区。一方面，在较偏远地区，建设所需的征地拆迁成本会很低，但由于所处的方位也很容易在管理监督上比较薄弱，邻避设施运营单位也没有花更多钱美化该设施的动力；另一方面，偏远地区经济发展条件较差，需要企业正常开工和提供就业岗位，邻避设施的迁入虽然满足了附近居民这方面的愿望，但是对于当地环境的破坏可能性也是很大的，容易引起邻避冲突事件。

六、积极培育政府信赖的第三方社会组织，在"个人—国家"关系中建立缓冲地带

邻避冲突在我国不仅频发，而且程度也越来越激烈。厦门PX事件发生时，市民是以"散步"形式表达意见，蔓延到什邡、宁波就演化成街头抗争，处于暴力的边缘，而到杭州就完全

---

[1] "全球最美垃圾焚烧厂，你看了肯定会不信"，载 https://baijiahao.baidu.com/s?id=1572411021405850&wfr=spider&for=pc，最后访问时间：2019年11月29日。

变为了暴力冲突。[1]邻避事件的频繁爆发，不仅反映公民权利意识的觉醒，同时也反映出国家公共治理能力的乏力和不足。因国情差异较大，发达国家在这方面取得了一些成绩，对此我们还是要有辨识、有分析地吸收借鉴，有秩序、渐进式地逐步推进，没必要照搬照转。

在传统国家治理模式中，直接表现的是"个人—国家"的关系，国家与个人直接发生关系。在这种关系模式中，个人与国家的关系体现更多的是对抗，是个人对国家的不信任与怀疑，是国家对个人的威权与管控。个人与国家之间总是表现出一种紧张关系，一方权力的扩张，必然损害另一方的利益。为了改变个人与国家之间的直接接触、碰撞，现代国家治理中越发凸显第三方社会组织的重要性。邻避危机的治理需要第三方社会组织的参与，以改变以前由政府主导的治理模式，让社会力量参与社会治理。第三方社会组织参与邻避冲突的治理有两种方式，一是为邻避设施的建设提供论证、环境影响评价和监督管理等专业性的咨询和服务；二是在邻避设施建设过程中发挥宣传教育等作用，成为邻避运动的预警者、公民权利的代言人、国家相关政策法规的宣传者以及相关误区的澄清者。[2]

第三方社会组织的参与，对于邻避冲突的解决还在于其中立性与客观性。在传统的国家治理模式中，个人与国家是相互对立的，所代表的利益与立场不同，无法妥协让步，从而达成合作协商方案。第三方社会组织的参与，可类比于调停人或中间人，将双方的症结点厘清，在个人与国家之间建立沟通对话

---

[1] 张瑾："邻避冲突的国家治理"，载《江苏行政学院学报》2017年第2期。

[2] 张瑾："邻避冲突的国家治理"，载《江苏行政学院学报》2017年第2期。

第四章 域外运用法律手段破解环境邻避冲突困境的典型案例和法律应对基本经验

的桥梁。但是现实中，大多数社会组织相对于政府的独立性较弱，或者不愿意介入冲突事件中，政府对于社会组织往往持戒备态度。在当今，需要认识到的一点是，社会事务越来越复杂，政府不可能包揽一切，政府的力量在一些社会问题上往往捉襟见肘，邻避事件即是典型的例子。政府在这种情况下，需要依赖社会组织的力量与智慧，摒弃国家与个人的对抗思维，与社会组织互相合作，各负其责。政府拥有精干的管理队伍、强有力的指挥、充分的经费保障等，理所当然地处于邻避运动处理的主导地位，主要从事项目审批、统筹协调、市场监管、政策制定等宏观管理事务。环保民间组织更贴近基层公众，拥有较强的专业能力、较高的社会公信力，在整个过程中处于政府合作伙伴地位，主要从事反映公众诉求、咨询建议、科普宣传、规范公众维权行为等更为细致具体的工作。两者相辅相成，相互配合，才能取得邻避运动处理的完美效果。[1]

七、加强正向宣传引导，普及邻避公共项目科学知识，消除民众的合理疑虑

邻避事件的发生，除了政府单方面的决策未顾及民众的知情权等，也会存在相当一部分民众的盲目抗争的原因。只要是政府所主张的，其就盲目反对。一方面是出于对政府行为的不信任，另一方面也是缺乏与邻避设施相关的准确知识和信息。民众的理性一方面建立在政府的信息公开之上，另一方面也建立在自身科学文化知识的积累上。对于邻避设施的建设，应当广为进行正面宣传和引导，让民众知道邻避设施的运行原理与基本构造。人们之所以对某件尚未到来的事项感到恐惧，主要

---

[1] 谭成华、郝宏桂："邻避运动中我国环保民间组织与政府的互动"，载《人民论坛》2014年第11期。

是因为陌生。陌生与不了解所带来的紧张感和恐惧感，会促使人们对该事项无理由、莫名地持拒绝心理和抗争心态。

当然，政府也不应毫无根据地给民众带上"愚昧无知"的帽子。在社会生活中，每一个人都可能是理性的存在，其行为并不完全是盲目的、落伍的，而所作出的每一个行为都是有着自身的精密考量。只是每一个行为的作出，并不一定符合社会的理性标准，还需要试错和反复博弈。邻避事件属于政府公共危机管理的事项。在应对邻避危机时，政府应当仔细调查辨别，不同群体作出的抗争行为究竟是出于何种动机和目的。表面上同样变现为抗争行为，但是内在的利益诉求有时并不一致。邻避事件往往是多种矛盾的集合体，掺杂着多种利益诉求，需要根据不同情况给予不同回应。

"风险认知是带有主观色彩的，这与当地的风俗文化、富裕程度以及居民素质有着密切的关系"，[1]一些少数群体聚居区或者经过长时间的形成过程而培育出的当地文化，对于邻避设施存在的风险显然无法用科学技术来解决。内心主观意识与地区的狭隘性，需要充分的信息与科学知识加以弱化。信息与知识当然也包括邻避方面的科学技术知识，政府也有义务公开相关信息与普及科学技术知识。在充分信息与知识积累的基础上，民众会自主形成自己的判断。而且，通过此种方式作出的判断，是能够破除地区狭隘性与偏见的，避免单纯个人追求私利而排挤关怀公共事务的应有付出。"尽管有些人会认为，我们不能跨越一个既定的社区或特定的国家，或跨越一个特定的文化来相互交流，但是我们并没有特别的理由去认定只有在这些边界的

---

[1] 董幼鸿："'邻避冲突'理论及其对邻避型群体性事件治理的启示"，载《上海行政学院学报》2013年第2期。

范围内，才能找到互动交流与公共参与。"[1]只要在信息充足与足够的知识背景下，民众就能够在更为广阔的视野上作出相对理性的判断。

---

[1] [印]阿马蒂亚·森:《正义的理念》，王磊、李航译，中国人民大学出版社2012年版，第138页。

中国推进环境邻避运动治理的法治路径

CHAPTER 5 第五章

一、法治治理模式是我国应对环境邻避运动的必然选择

(一)提高运用法治思维解决环境邻避冲突的理性认识

在实践中,涉及环境邻避项目的群体性事件,多是由于政府、企业和遭受邻避设施影响的公众等主体,对环境邻避设施及其可能产生的环境风险认知差异造成的。提高运用法治思维解决环境邻避冲突的理性认识,可以从科学知识的宣传和法律知识的宣传两个维度进行。

第一,就邻避相关问题,加强对相关科学技术知识的精确宣传和解释。由于环境邻避项目本身都存在一定的社会危险性,可能受到影响的公众通常出于对自身利益的考量,对兴建邻避设施多持反对态度。加之政府在邻避项目建设之初,多数并没有将项目涉及的相关信息[1]及时公布,这使得部分民众在一开始就对邻避设施项目建设,在主观上存在疑虑和抵触情绪。虽然,目前很多地方政府在引入邻避项目时,都会邀请相关技术专家进行严格的专业分析,并且也邀请专家及时进行邻避项目

---

[1] 包括邻避项目审批、建设等程序性信息,邻避项目可能存在的风险,以及现有技术对项目存在的风险有效规避程度等信息。

的知识科普，但由于技术专家是由政府聘请的，公众对专家的解答并不是很信任。此外，随着自媒体的发展，部分缺乏邻避项目知识普及的公众极易被网络上某些动机不纯的媒体煽动。一方面，必须要通过多种形式以更通俗易懂的方式，对邻避项目科学技术知识进行正面宣传引导，如在现代科技发展背景下，垃圾焚烧、电磁波辐射都是可以容忍的环境风险等。对于过于专业的环境科学知识，可以用漫画方式进行宣传，使普通公众能更容易理解、更方便接受。另一方面，可以在义务教育《自然科学》教材中加入一些环境科学知识，从小学开始就进行这方面知识的普及，还可以因地制宜地建立相应的邻避项目科技馆进行科普教育宣传。

第二，就邻避相关问题，加强所涉法律知识的教育和宣传。目前，很多环境邻避运动都属于非理性的群体性事件。在这些环境邻避事件中，部分民众抱有"法不责众"的心理，在并不了解环境邻避事件的情况下，基于从众心理通过拉横幅、喊口号、游行示威等来表达对环境邻避项目的反对，企图以"把事闹大"[1]这种方式引起政府高层的关注。在这种诉求表达过程中，经常夹杂着群体性暴力冲突，比如打砸抢、毁坏公共财物和与警察对峙的过激行为，这不仅影响了当地的社会公共秩序，甚至极易在这个过程中产生严重的违法犯罪行为，更可能会伤害到自身和周围无辜群众的人身财产安全。对这种大量、非理性的群体性诉求表达行为，必须采取有效方式加以处置，任何严重破坏社会秩序、危及当地群众生命和财产安全的行为都是法治所不允许的。这也是我们在普及和宣传邻避项目科学知识的同时，更不能忽视法律知识教育和宣传的重要原因。一方面，

---

［1］ 张国磊："府际博弈、草根动员与'反邻避'效应——基于国内'高铁争夺战'分析"，载《北京社会科学》2017年第7期。

可以采取多种喜闻乐见的普法活动进行这方面法律知识的普及，如由当地司法局、法律援助中心制作普法宣传故事片，进行生动的漫画普法，或由相应高校的法科学生利用周末在各社区举办社区普法活动等方式，提高市民这方面的法律意识，积极创建一个当地全体公民学法、知法、守法的良好氛围，保证普通公民面对邻避事件时能运用合法方式维护自己的环境权益，准确理性地表达自己的诉求。另一方面，法治教育要从孩子较早阶段开始，特别是应在《道德与法治》课本中加大法律常识内容，让孩子从小知道什么该做、什么不该做，全面提高国民的法律素质、法律意识，避免在邻避事件中出现违法、犯罪行为时，对其进行追责还遭到法律常识缺失的部分市民二次抵抗。公众在表达对邻避项目意见和诉求时，可以采取一些较缓和的方式——如网上联名请愿书等，一些性质温和又能向政府充分表达意愿的合法途径。

(二) 从官民之间现实博弈关系，分析运用良法治理环境邻避运动的效度

"天下熙熙，皆为利来；天下攘攘，皆为利往。"[1]我国涉及环境邻避运动的主体包括：政府、企业、民间组织和公民等，在谈及邻避设施冲突时，究其根本则主要是不同主体之间的利益博弈。实际上，邻避冲突主体之间均存在不同程度的多重博弈，而最主要的博弈焦点则是社会公益与遭受邻避项目影响的公民私益之间的博弈。这就要求政府在邻避冲突处置执法中，依照新时代的法治要求公正及时处理好公共利益与公民私益之间的关系。

在环境邻避项目中，政府应当依照法定程序进行决策，遭

---

[1] （西汉）司马迁：《史记·货殖列传》。

第五章　中国推进环境邻避运动治理的法治路径

遇邻避项目影响的公民应当在符合法律法规规定的基础上进行相对理性的表达，合理表达自身诉求，共同创建"参与—协商—共识"[1]的环境邻避法治新模式。在邻避项目中，政府的利益追求是最大化实现公共利益，基于此目的，政府不仅要履行为社会提供公共产品和公共服务的职能，还要承担维护社会稳定的职能。政府在谈及邻避项目时，更要着重于提高行政效率、拉动当地经济增长、提升当地公共服务水平等角度的考量。而公众在谈及邻避项目时，则很少关注该项目可能带来的利益，而更多关注该项目可能对其利益造成的损失，甚至在自我权衡后持不支持，继而极力反对邻避项目建设的态度。以前在我国许多地区的官民之间环境邻避项目利益博弈过程中，双方的立场往往变成一种僵持甚至对立的状态，使得"决定—宣布—辩护"[2]的应对模式弊端暴露无遗。面对这样的环境邻避困境，政府往往出于"维稳"的考虑，急于去寻找有效解决途径而直接选择进行妥协——将已经耗费大量人力、物力、财力的邻避项目停建，这不仅造成已开工项目的搁置，甚至在这一过程中，部分民众的暴力激进行为还可能造成违法犯罪行为发生，最终造成一损俱损的局面。只有将邻避项目所涉各方主体置于合法的利益协商中，坚决杜绝"抗议—妥协—停建"[3]的不经济行为，在符合法定程序和相关法律规定的前提下，以共同协商方式对各方利益进行仔细衡量，才能最终在达成广泛共识的基础上，实现各方利益的最大化和多方共赢。

------

〔1〕　刘海龙："环境正义视域中的邻避及其治理之道"，载《广西师范大学学报（哲学社会科学版）》2015年第6期。

〔2〕　刘海龙："环境正义视域中的邻避及其治理之道"，载《广西师范大学学报（哲学社会科学版）》2015年第6期。

〔3〕　刘海龙："环境正义视域中的邻避及其治理之道"，载《广西师范大学学报（哲学社会科学版）》2015年第6期。

(三) 运用法治思维实现我国应对环境邻避运动的规范化、制度化

相较于欧美国家，环境邻避冲突在我国出现的比较晚，由于环境治理水平、社会发展水平、法治建设进程和公众法律意识程度等多种原因的影响，目前我国仍没有形成一套有效应对和治理环境邻避冲突的法律制度体系，各地政府在应对和处置突发性环境邻避冲突时也往往缺乏法治经验，更多仍处于一种进退失当、无章可循的状态。有鉴于此，我们应努力转变固有的思维方式和应对模式，针对不同的邻避冲突事态进行科学定性，辅之以信息大数据的现代技术分析，事件发生后更应冷静应对，排除单纯高压维稳模式的不良影响；对于事态的研判、阶段性措施的采取，要有耐心，更要有信心，不盲目自信武力，慎用、少用和规范使用警力；只有将我们的应对和治理环境邻避冲突行为纳入法治化轨道，建立一套规范明确、系统完备的应对环境邻避运动法律治理体系，才能保障邻避项目在我国的有序进行，最大限度实现公益与私益的共赢多赢。具体而言，可以从以下三个方面着手：

第一，依法明确我国环境邻避运动的应对主体。从我国现有的环境邻避冲突案例可看出，邻避冲突基本都发生在基层，但是环境邻避运动的应对主体不应仅仅局限于发生邻避冲突的当地政府，而应将范围扩大为邻避冲突发生的当地政府、当地政府以外的其他有牵连关系的同级政府、上级政府以及中央政府。首先，建立、完善我国与邻避项目相关的制度顶层设计，实现中央政府、上级政府与环境邻避冲突发生地基层政府的纵向联动机制。及时修法完善我国的环境保护制度、环境信息公开制度、环境影响评价制度、社会稳定风险评估制度、环境事件应急处理机制等与邻避运动相关的制度，并且明确、细化这

些相关制度的实施细则,为地方各级政府应对环境邻避冲突和建立完善相关地方性法规、规则提供引导。地方政府在遇到复杂、严重的环境邻避冲突以及处置跨区域的环境邻避事件出现分歧时,都可以向上级政府、中央政府寻求帮助和支持,以更好地解决面对的问题。其次,环境邻避冲突发生地相关联政府之间要加强区域互动、合作,实现跨区域同级政府间的横向联动。"通过行政管辖权的让渡,地方政府之间或者签订合作协议或者建立合作组织,形成一种超出地方权力的跨界的区域共同权力。"[1]充分发挥相关地方政府的互动、合作,不仅可以提高应对环境邻避运动的效率和效果,还可以避免府际恶性竞争,节约资源。最终实现政府间的资源共享、优势互补与联动协调[2]。

第二,规范和完善环境邻避运动的法律治理程序。截至目前,我国基层发生的多数环境邻避冲突,基层政府在应对上还是比较缺乏规范化和程序性治理的,甚至有的地方政府为了"维稳"而一味妥协、停建邻避项目,致使对环境邻避运动的应对和治理一度陷入"无章可循"的局面。在修补和完善环境邻避运动治理相关制度的同时,应综合各地已发生的环境邻避冲突特点,对环境邻避运动的应对和治理程序进行细化规定,以便在今后发生环境邻避冲突时,发生地政府在应对和处置程序上有法可依、有章可循,提高对环境邻避冲突的治理效率,同时也可以对此过程中的政府行为进行有效规制和监督,有效防止和减少部分官员在此过程中失职失责行为的发生,杜绝政府懒政现象,提高政府的公信力。

---

[1] 崔晶、孙伟:"区域大气污染协同治理视角下的府际事权划分问题研究",载《中国行政管理》2014年第9期。

[2] 张瑾:"邻避冲突的国家治理",载《江苏行政学院学报》2017年第2期。

第三，完善环境邻避运动治理的配套法律机制。首先，完善治理环境邻避运动的预警法律机制。环境邻避冲突发生时间短，突发性强，危害性大，但是并不是无迹可寻的。环境邻避冲突发生往往是由于邻避设施建设和运行过程中，出现了环境污染、损害邻避设施周边居民人身权、财产权和相关环境权的现象，一些民众在合理诉求无果的情况下就容易出现激愤情绪，加之网络媒体的扩散传播，就可能使事态不断扩大。当地政府如果能事先有效提高预警嗅觉和灵敏度，在事态扩大之前，通过法律机制及时督促涉事邻避设施建设方积极采取改进措施，就能有效避免恶性环境邻避冲突的发生。其次，完善环境邻避冲突的事后救济补偿法律机制。当环境邻避运动发生时，不可避免会造成一定的损害，这或是心理上的或是物质上的，及时建立一套规范完善的邻避冲突治理事后救济补偿机制，能一定程度上弥补涉事受害者的利益，最大限度实现环境正义和公平，这对促进邻避项目规范运行和维护社会稳定具有重要作用。

（四）加快推进我国破解环境邻避冲突的地方立法工作

在党的十九大工作报告中，再次提出了"要坚持全面依法治国，坚持依法治国、依法执政、依法行政共同推进，坚持法治国家、法治政府、法治社会一体建设"[1]的法治建设新要求。随着时代的发展，环境邻避冲突问题也日益成为我国推进法治建设中的难点之一，"法律是治国之重器，良法是善治之前提"，只有建立一套系统、完备的法律制度体系，才能在环境邻避冲突治理上做到有法可依，实现我国环境邻避冲突治理的规范化、民主化、科学化和法治化。要想在立法上加快推进我国的环境

---

[1] 习近平："决胜全面建成小康社会　夺取新时代中国特色社会主义伟大胜利——在中国共产党第十九次全国代表大会上的报告"，载http://cpc.people.com.cn/n1/2017/1028/c64094-29613660.html，最后访问时间：2017年10月18日。

第五章 中国推进环境邻避运动治理的法治路径

邻避冲突治理，可以从以下三个方面着手：

第一，填补与环境邻避冲突治理相关的立法空白点。虽然，我国针对当下的环境邻避困境制定实施了一些法律法规加以应对，但是目前并没有一部专门性的法律对环境邻避冲突治理相关问题进行全面规定，只是散见于各类不同的法律法规中，缺乏系统性。以污染类环境邻避设施建设和运行为例，通过对我国现行相关环境法律法规的分析[1]，可看出这些法律法规都将重点放在环境污染治理问题上，并没有直接涉及污染类环境邻避设施的选址、建设等相关问题，虽然有某些规范提到了环境邻避设施的选址，也只是间接性的有所涉及，并没有进行实质性的直接系统化规定，对于邻避设施选址的基本操作流程就更没有规定了。再如，在我国《行政诉讼法》《行政复议法》中，虽然看似已将政府的环境邻避设施选址决策纳入了受案范围，但实则不然；在这两部法律中，看似都是以兜底条款形式将其纳入了受案范围，并且要求选址决策对公民人身、财产权已经造成实质上的侵犯和危害，也就是说公民若想通过行政复议或行政诉讼方式实现法律救济还是很困难的，虽然一些地方政府和当地司法机关已经通过这些制度化方式进行了相关的实践，但这方面的公开案例还是偏少的。国家层面的环境邻避专门立法尚且如此，地方层面的环境邻避治理立法状况就更匮乏了。

首先，要想填补我国法律在环境邻避冲突治理方面的空白，可以先从专门领域（如核电、垃圾焚烧项目）的立法开始探索，在此基础上再探索不同种类的环境邻避冲突共性问题并进行规定。比如，在专门领域内对环境邻避冲突涉及的范围、参与选

---

[1] 这主要包括：《环境保护法》《环境影响评价法》《大气污染防治法》《土壤污染防治法》《水污染防治法》《固体废物污染环境防治法》《土地管理法》《放射性污染防治法》《海洋环境保护法》等。

址决策的法律主体、选址所要遵循的法定程序、相关的法律标准以及事后的法律监督、救济、补偿等都需进行统一规定。其次，不仅要弥补环境邻避冲突专项立法的空白，还要弥补环境保护法、相关污染物防治法中涉及邻避设施选址、建设的条款空白，使不同种类的环境邻避冲突相关法律规定更具有针对性。然后，各地方在不违背上位法精神和原则的基础上，根据本地区环境邻避冲突实际情况，进一步具体制定地方性的环境邻避冲突治理法规和政府规章等，杜绝地方立法资源的随意浪费，争取实现制定更优质邻避项目地方性立法目标，就能最大限度发挥其应对和治理环境邻避冲突的规制作用。

第二，提高环境邻避冲突治理相关法律规范的法律位阶。我国涉及环境邻避项目的规定，大多夹杂在法律位阶相对较低的规章、条例中，有的只存在于一些党和政府的规范性文件中，这就导致这些规定的影响范围有限，很难辐射到更广泛领域，文本的公开性也较弱。这不可避免地导致社会公众对环境邻避项目缺乏必要的了解，进而极易因邻避项目不同主体了解信息的不对称，而导致不同级别的环境邻避事件发生。诸如我国的《生活垃圾焚烧污染控制标准》《危险废物填埋污染控制标准》等一系列技术标准，已经涉及环境邻避设施的相关问题，其中《生活垃圾焚烧污染控制标准》是为贯彻《环境保护法》《固体废物污染环境防治法》《大气污染防治法》《水污染防治法》等法律，保护环境、防治污染，促进生活垃圾焚烧处理技术进步而制定的；《危险废物填埋污染控制标准》是为贯彻《固体废物污染环境防治法》，防止危险废物填埋处置对环境造成的污染而制定的。此外，由于国务院《信访条例》属于行政法规，其法律位阶也较低，即便其是保障我国公民诉愿权利的一项重要制度，但在环境邻避冲突治理中，其依旧很难充分保障公民诉愿表达的权利。首先，要将现有规范中比较先进、细致的与环境邻避冲突治理相关的规章、条例等，以更高一级的法律位阶进行规定，扩大其指引范围，在更高层次上去调整环境邻避项目的依法依程序运行。其次，可以将环境邻避项目的技术标准进行分级，包括国家标准、省级标准、地方标准。经过环境邻避领域相关专家分析，并结合具体不同类型邻避项目实践，制定一套权威的国家标准；各省在环境邻避项目国家标准的基础上，在法定权限范围内，制定本省的省级标准；市级地方政府在国家标准和省级标准的基础上，在不超越法定权限的基础上，制定本地的地方标准。地方标准的执行可以比省级标准、国家标准更严格，以督促地方环境邻避项目的良性高效运转。

第三，细化环境邻避冲突治理相关法律法规的具体内容。目前，我国在涉及环境邻避治理问题上，除了存在较多法律空白的缺陷，还有一个重要缺陷是，即使有涉及环境邻避冲突治理的相关规定，但这些规定往往过于原则化、简单化，缺乏实际的可操作性，容易造成法律虚置的不利局面。

首先，细化环境邻避冲突治理的相关法律规定，尤其是要加快完善环境邻避冲突治理的程序性规定。在法律中对环境邻避设施的操作流程需进行明确规定，邻避设施项目选址决策的主体包括哪些、选址程序、选址标准等，邻避设施项目整个过程中的公众参与机制的主体、方式、权利、程序，信息公开制度的内容、方式、程序，民主协商机制的主体、程序，环境影响评价、社会稳定风险评估的程序性事项，环境邻避冲突的救济、补偿机制的主体、权利、范围、责任、程序等都应进行细化。其次，细化和规范环境邻避冲突治理中政府治理行为的合法性。邻避项目涉及的利益较多，如果不能进行有效监督，就很可能滋生滥用权力、以权谋私、权钱交易、权力寻租等现象。

在发挥行政系统内部监督的同时，还要将社会媒体、公众、官方环境保护组织以外的其他民间环保组织，都纳入环境邻避项目的监督主体，从各自维度对邻避项目进行全方位监督。还要发挥司法机关和监察机关对邻避项目兴建和运行的全程监控。比如，尽管目前《人民警察法》《人民警察使用警械和武器条例》均对警察滥用暴力、警械和武器的行为作出限制规定，但是想要达到防止对表达诉愿公民造成伤害的目标，要"从警察法角度构建更加精细化的自我监控机制，还要发挥司法机构对行政执法力量的外部监控"。[1]再次，细化环境邻避冲突治理的事后救济和补偿性规定。我国环保法律体系中主要是对环境类问题引发的后果规定责任主体和处罚方式，其他社会主体应遵循的环保原则以及预防环境污染的举措也进行了明确规定，但是对环境邻避事件发生后的法律救济、补偿规定却规定得很少。2013年，我国将环境公益诉讼纳入《民事诉讼法》中，《环境保护法》也对公益诉讼的主体范围进行了限制规定，此外也可以明确将引起环境邻避纠纷的相关行政行为纳入《行政诉讼法》《行政复议法》的受案范围，使民众在因环境邻避项目受到损害后，能有更多法律依据和法律途径来寻求救济，维护自身的合法权益。同时，建立完备的邻避冲突救济、补偿规范，还可以使各级政府在处理环境邻避冲突时能有章可循，提高行政执行效率，防止懒政、怠政等不作为现象的发生；更能用法律依法规制政府在处理环境邻避冲突中的行政行为，督促各级政府严格按照法律规定做好环境邻避冲突的事后补偿工作，监督政府依法行政、积极作为，积极实现程序法治，防止权力寻租、利益输送等违法乱纪行为的发生。

---

[1] 张文龙："中国式邻避困局的解决之道：基于法律供给侧视角"，载《法律科学（西北政法大学学报）》2017年第2期。

二、从推进城乡垃圾分类与资源化回收角度破解我国的环境邻避困境

随着我国社会主义市场经济的快速发展，我国城乡居民生活水平也迅速提高，但同时，我国城乡产生的生活垃圾数量也随之迅猛增长。"我国居民每人每年平均能制造出450千克左右的垃圾，且垃圾的制造量仍在以每年8%左右的速度增长，目前城市垃圾的总堆放量已达67亿吨，占我国的土地面积约5万平方千米。"[1]城乡生活垃圾的污染已成为制约我国可持续发展、生态文明建设的一项严峻环境考验。"垃圾是被放错位置的资源"，现实中我国城乡生活垃圾处理仍存在许多困境，乱堆乱埋、杂乱无章的处理方式只会增加我国城市正常运行的生态负荷，目前针对城乡生活垃圾的"革命"势在必行。

（一）加快推进我国生活垃圾强制分类制度建设和立法

近几十年来，我国一直在探索解决城乡生活垃圾的正确途径，虽然在一些试点城市都不同程度逐渐培养出市民生活垃圾分类的意识，但是实际效果仍收效甚微、过程缓慢。在解决城乡生活垃圾污染问题上，仅仅依靠公民的自觉是完全不够的，尤其是在全面推进法治建设的今天，必须加快推进我国的生活垃圾强制分类制度建设和立法规制。通过提供有效的法律指引，也可以提高我国城乡生活垃圾分类管理的规范化、法治化程度。

第一，加快推进城乡生活垃圾分类的专项立法和相关性立法。我国现行涉及垃圾污染防治的法律法规主要有：《环境保护法》《固体废弃物污染环境防治法》《环境保护税法》《循环经济促进法》《城市市容和环境卫生管理条例》等，并没有涉及城

---

[1] 范婧楠："我国城市生活垃圾分类管理的法律制度研究"，甘肃政法学院2018年硕士学位论文。

乡生活垃圾分类治理的专项法规，大部分法律规范仅关注生活垃圾污染的预防，而对分类管理、治理则涉及较少，即使在个别条文中有涉及，但规定得也并不具体。

为了有效破解邻避困境，必须加快城乡生活垃圾分类管理的专项立法建设，条件成熟时推动制定《城乡生活垃圾分类管理法》，提高我国这方面法律规范的法律位阶。目前，我国现有涉及城乡生活垃圾分类管理的法律法规都太过笼统、原则化，在实际操作中其规制作用很难得到发挥。并且，现有涉及城乡生活垃圾分类管理法规文件的法律位阶都相对较低，其影响力、约束力也较弱。在未来的《城乡生活垃圾分类管理法》中，可以对涉及城乡生活垃圾分类管理的相关问题进行统一规定，如适用该法的主体范围、垃圾分类管理、处理的主管机关、城乡生活垃圾的分类、管理、处理具体程序以及相关各方的责任，都进行系统化的法律规定，此外可授权各地政府在其法律权限范围内，根据当地具体情况制定适合本地区实际的城乡垃圾分类管理地方性立法规范，使我国城乡生活垃圾分类的具体运行、治理都有法律可依。同时，不断提高相关法律法规的法律位阶，及时补充和修改相关法律中涉及城乡生活垃圾分类管理的内容。其次，制定我国统一的《城市生活垃圾分类治理标准》。我国2017年出台的《生活垃圾分类制度实施方案》将我国的生活垃圾分为三种类型，分别是有害垃圾、易腐垃圾、可回收物，并且对其处理方式作出了相应规定。可以以此为基础通过制定统一的《城乡生活垃圾分类治理标准》，在这三种类型之下根据垃圾的不同性质再细分下一级类型，并制作详细的城乡生活垃圾分类表。不同类型垃圾用不同颜色打包方式加以区分收集，如居民、企业、餐厅等主体在扔垃圾时，要按要求将所扔的垃圾用不同颜色袋子进行打包，相应的垃圾桶、收集车也都以同种颜色进行标识，以方便垃圾的收集，减少再次分类的工作量，节约劳动成本和经济成本。

第二，加快推进我国城乡生活垃圾强制分类的制度建设。要想提高城乡垃圾分类管理的贯彻力和执行力，不仅需要强化法律的约束力，还需要一套高效完善的刚性制度予以保障。首先，建立垃圾强制分类的奖惩制度。目前，我国公民对城乡生活垃圾强制分类的观念还很淡薄，可以积极学习韩国等国的有奖举报措施，以及对怠于履行生活垃圾分类义务的个人予以惩罚的办法，用"奖惩结合"方式提高我国公民参与城乡生活垃圾强制分类的积极性。其次，建立城乡生活垃圾分类管理监督机制。不仅监督城乡生活垃圾分类的义务人，还要监督参与管理的行政机构以及参与城乡生活垃圾收集、运输、处理的企业。在企业、小区、村以企业、街道办、村委为单位组建监督小组[1]，对不同主体各自分管区域的生活垃圾分类行为进行有效监督；同时，在各垃圾桶、垃圾站附近加快推进监控设施建设，通过科技手段强化监督效果。最后，建立城乡生活垃圾分类污染的责任追责制度。要在专项立法中，将城乡生活垃圾分类的参与主体以及各主体要承担的义务和责任都进行明确规定，对行政机关违反垃圾分类监管职责的，规定明确的行政法律责任。

第三，加快对城乡垃圾分类环保法治意识的宣传和教育。环保是全社会的光荣使命和责任，实现城乡生活垃圾的强制分类目标更是全体社会成员的应尽义务。当前，公众虽然对可持续发展、生态环境保护、循环经济有了一定认识，但在日常生活中的环保意识还是比较薄弱的，尤其是在城乡生活垃圾强制分类的问题上，相关责任主体的环保意识更亟需提高。毋庸讳

---

[1] 范婧楠："我国城市生活垃圾分类管理的法律制度研究"，甘肃政法学院2018年硕士学位论文。

言，通过立法形式可有效强化不同主体的生活垃圾强制分类意识和重视程度，为实现垃圾强制分类目标，还可以通过多种多样的宣传形式，如发放生活垃圾分类手册、张贴生活垃圾分类漫画等形式，在我国城乡加快普及生活垃圾分类知识和分类方式。同时，及时将城乡生活垃圾分类内容纳入不同类型学校教育中，这些都可以加快和强化培养公众和学生的生活垃圾强制分类意识。

(二) 运用市场化、优惠税收手段实现垃圾的资源化回收和再利用

随着社会主义市场经济的加快发展，包括环保产业在内的任何产业都不能单纯地依靠政府或市场来简单驱动发展，要想实现我国不同类型垃圾的资源化回收和再利用，必须充分发挥市场和政府两大引擎同时驱动的作用，特别是要加快推进我国垃圾资源化回收和再利用的产业化发展。

第一，运用市场这只"看不见的手"加快推动我国垃圾资源化回收和再利用产业的发展。目前，在我国城乡生活垃圾分类、治理以及资源化回收、再利用方面，几乎都是由当地政府主导的，可以说我国目前对环保产业定性为一种公益事业，但是由于资金、人员、管理等限制因素，现在的环卫人员多是中老年人，其体力、工作效率以及对不同资源进行回收、再利用的一些高科技机械操作上均不够熟悉，由于传统观念的束缚和福利待遇差，很多青年人对环卫工作也基本持排斥态度，这就使我国的环保产业发展相对迟缓，垃圾资源化回收和再利用的目标在实践中遇到了很多困难。政府可以将环卫产业按区域进行块状划分，将这些块状的环卫任务以项目外包、投标竞争等方式投入到市场中，以设定的明确标准对这些企业进行有力监管，如垃圾资源回收和再利用技术高、项目规划细致的企业，

就有更多机会获得划块区域内的环卫项目优先权。这样通过市场的高效竞争，不仅能提高环卫工人的福利待遇，吸引更多具有环保专业技能的技术人员进入环卫产业，加快实现我国垃圾资源回收和再利用的技术革新，不断推进环保事业的发展。

第二，利用政府这只"看得见的手"来有效调整和促进我国环卫市场的良性发展。首先，政府可以采取税收优惠、责任保险、绿色贷款等方式，吸引更多企业对环卫产业的投资。比如，每年给投资到环卫产业的公司给予税收优惠和财政补贴，建立环保责任保险让对环卫产业持犹豫态度的企业能免除后顾之忧，采取绿色贷款方式吸引那些有环保情怀但又缺乏资金的企业，通过绿色贷款助推其进入当地环卫市场。其次，增加绿色税收。就可以对企业自身产生的垃圾进行循环再利用的产业，根据企业规模规定相应的环保指标，如果超过指标就需缴纳相应数额的绿色税收，以此督促相关企业不断革新环保技术，从源头上减少资源浪费，从而提高资源的利用率。

三、运用多种灵活形式推进邻避设施旅游项目建设

"邻避效应产生的根源在于利益分享的不对等——设施选址周边的居民和企业需要承担公共邻避设施的负外部性成本，而在邻避圈外的社会成员却集体享受设施带来的'红利'。"[1]邻避设施周边居民承受的环境邻避负效应，需要通过经济补偿、精神补偿和发展"静脉"产业等多种方式加以解决。但是，经济补偿、精神补偿目前仍很不到位，采取的有限措施也很难从根本上解决当前的环境邻避困境，可以另辟蹊径尝试加快"静

---

〔1〕 邵任薇等："化解邻避效应的补偿机制研究——杭州市天子岭静脉小镇的启示"，载《上海城市管理》2018 年第 6 期。

脉"产业园区的发展,推进环境邻避设施周边的旅游项目建设。

第一,助推环境邻避设施周边的生态旅游发展。可以借鉴杭州市天子岭静脉生态小镇等成功经验。在环境邻避设施附近,根据当地具体的地理环境条件,加强绿化面积的建设,可以建设生态长廊、生态公园、儿童乐园、游乐场;根据当地传统文化特色建设具有地方特色的生态小镇,利用环境邻避设施产生的热能建设生态温泉等模式,提高环境邻避设施周边的环境吸引力,增加周边的人流量,促进这些旅游、踏青项目成为公众休闲、度假的新场所,将过去人人避之不及的"垃圾场"变成人人愿意选择的休闲、旅游度假新去处。

第二,推进环境邻避设施周边的科技旅游项目建设。除了建设生态环境旅游区,还可以根据当地邻避设施的特点,融入环保科技要素,建设与邻避项目设计相关的生态科技馆、博物馆、文化馆等,还可以举办画展、车展、摄影展、产品展等文化活动,增加当地的文化价值、投资价值,吸引更多投资者在发展态势良好的环境邻避设施周边投资,这不仅能改变环境邻避设施的周边环境,更好地宣传邻避设施的积极效益和负效应的可避免性,还可以带动周边地区的经济发展。

第三,在环境邻避设施周边加快建设生活配套设施。在我国,多数邻避设施往往处于相对较偏远,距离主城区、市中心都比较远的地方,周边居民本身的生活就很不便,这也是导致邻避设施周边发展比较缓慢的原因之一。在加快生态环境旅游项目和文化产业园建设的同时,政府还可以采取优惠措施促进这些项目周边商业地产建设发展。还可以在周边建设完善的医疗配套服务设施,建设养老院、幼儿园、大型购物商场、品牌折扣小镇等,通过日益完善的生活配套服务设施促使项目周边住房价值的增长,在为附近居民提供生活便利和多种福利的同时，还可以带动该地区就业机会的增长，增加周边居民的经济收入，吸引更多的人愿意在邻避设施周边购买住房居住生活，长此以往不仅能降低公众对邻避设施的排斥度、厌恶感，还可促进邻避项目周边经济新的增长。

四、规范邻避设施建设与运行的环境信息公开制度，保障公民的环境知情权

环境邻避事件已成为我国法治建设中一个备受关注的热点话题，而有序的公众参与和努力实现"信息透明"又是解决邻避冲突的重要因素，信息的公开透明是解决环境邻避冲突的关键之一，但实现起来实属不易。正如已故的王名扬教授在《美国行政法》中所提道的："如果一个政府真正是民有、民治、民享的政府的话，人民必须能够详细地知道政府的活动，没有任何东西比秘密更能损害民主。公民没有了解情况，所谓自治，所谓公民最大限度地参与国家事务就只是一句空话。"[1]作为各类信息的最大拥有者，政府无论作出何种行政决策，都要依赖广大公众的参与，而广大公众的参与又依赖于政府充分的信息公开。环境邻避项目很大程度上体现了其公益事业属性，在涉及邻避项目时的信息公开制度如果怠于行使，就很可能意味着公众知情权遭到了忽视，公众参与也就成为一句空谈。只有建立一套规范、完备的环境信息公开制度规范邻避设施的建设与运行，才能使公民更高效、便捷地获取政府或所涉企业掌握的信息，从而有力维护公民的环境知情权，避免邻避冲突的发生。当下，我国规范邻避设施建设与运行的环境信息公开制度，保障公民的环境知情权可从以下三个方面展开：

---

[1] 王名扬：《美国行政法》，中国法制出版社2007年版，第959页。

第一，应确定由一个专门行政机构行使政府的信息公开职能。由于公开政府信息是我国政府的一项行政职能，邻避项目又包括选址、规划、环境评价、建设、监督等多个环节的完整项目体系，从理想化的状态而言，涉及邻避项目的几乎所有环节都需及时公开相关环境信息。要想在邻避项目中最大程度保障相关环境信息的公开性和透明性，客观上就需要有一个专门机构和一批专业工作人员负责此项信息公开工作。随着时代发展和科技进步，政府信息公开工作已不仅仅包括在政府办公场所进行的传统型信息公开工作，还应包括如通过政府官网、政府官方手机 APP 软件、官方微博、官方微信公众号，以及其他热门软件中的官方账号（比如当下比较热门的短视频软件"快手""抖音"，越来越多的政府机构也通过录制短视频的方式，将有必要向全体公众公开的一些信息进行及时发布）的正常运营，灵敏观测社会反响、社会舆论舆情的实时情况和发展走向，这不仅有利于行政机构更高效、及时地履行自身的信息公开职能，还能及时、准确了解公众观点和意见，也提高了政府的权威性和公信力。目前，我国应通过立法手段，明确各省市一旦发生环境邻避冲突事件，依法确定由一个专门行政机构行使政府的信息公开职能，规范选拔出优秀的政府发言人履行其职责，避免因为回应公众诉求的官方口径不一造成新的社会不稳定情况。

第二，统一规制需要公开的政府信息公开标准。我国的政府信息公开包括：政府主动公开和政府依申请公开两种类型。政府信息公开被认为是判断行政是否符合正义的一种标准，《政府信息公开条例》第 20 条将"环境保护……的监督检查情况"确定为政府应当主动公开，并且重点公开的政府信息具体内容

第五章 中国推进环境邻避运动治理的法治路径

之一[1],但对其他环境保护应公开的信息,以及邻避项目中应公开的信息均未在《政府信息公开条例》中提及。邻避项目作为一项涉及广大公民切身利益的公益项目,其相关信息的公开对邻避冲突的预防和解决都发挥着不可忽视的作用。在现实生活的具体实践中,一些地方政府对邻避项目信息的怠于公开,使当地民众对邻避项目的认识和了解往往处于一种空白状态,按西方社会的逻辑"无公开即无正义"[2],这种剥夺公民环境知情权的嫌疑给我们的实际工作造成了很大被动,也成为目前在一些地区多次引发环境邻避事件的诱因之一。在每年各级政府发布政府信息公开工作报告时,可以建立一个政府信息公开清单,并对需要政府主动公布的政府信息根据所要公布的程度进行分级,比如政府信息公开普通领域、次重点领域、重点领域等几个级别,将邻避项目的环境信息公开纳入政府信息公开重点领域级别的清单中,这不仅提高了政府、企业、公众对邻避项目信息公开的重视程度,还可以避免政府以诸如"涉及国

---

[1]《政府信息公开条例》第20条规定:"行政机关应当依照本条例第十九条的规定,主动公开本行政机关的下列政府信息:(一)行政法规、规章和规范性文件;(二)机关职能、机构设置、办公地址、办公时间、联系方式、负责人姓名;(三)国民经济和社会发展规划、专项规划、区域规划及相关政策;(四)国民经济和社会发展统计信息;(五)办理行政许可和其他对外管理服务事项的依据、条件、程序以及办理结果;(六)实施行政处罚、行政强制的依据、条件、程序以及本行政机关认为具有一定社会影响的行政处罚决定;(七)财政预算、决算信息;(八)行政事业性收费项目及其依据、标准;(九)政府集中采购项目的目录、标准及实施情况;(十)重大建设项目的批准和实施情况;(十一)扶贫、教育、医疗、社会保障、促进就业等方面的政策、措施及其实施情况;(十二)突发公共事件的应急预案、预警信息及应对情况;(十三)环境保护、公共卫生、安全生产、食品药品、产品质量的监督检查情况;(十四)公务员招考的职位、名额、报考条件等事项以及录用结果;(十五)法律、法规、规章和国家有关规定应当主动公开的其他政府信息。"

[2] [美]伯尔曼:《法律与宗教》,梁治平译,生活·读书·新知三联书店1991年版,第48页。

家秘密、商业秘密、个人隐私""危及国家安全、公共安全、经济安全和社会稳定"等理由,拒绝或怠于进行信息公开的情况发生。

  第三,拓宽政府信息公开途径,提高政府信息公开途径的便民性。首先,努力实现政府官网设计的便民化。《政府信息公开条例》第23、25条规定了政府公报、政府网站、新闻发布会以及报刊、广播、电视等传统的政府信息公开方式[1],但是地方政府的官网有时存在页面设计得不合理,一些对运用计算机不太灵活的中老年群众在浏览官网时会操作困难,即使是计算机运用熟练的青年群体,也经常会遭遇找不到地方政府官网,找到地方政府官网却找不到政府信息公开的入口,以及某些地方政府官网的信息更新迟滞的窘境。面对这种问题,政府要配备专门工作人员对政府官网进行维护、更新,不仅要清晰、明确地在政府官网上建立政府信息公开栏目,还要针对该栏目的使用,提供一个详细的图文结合的操作流程使用指南,以此引导和方便公众进行查询、浏览,并且还要进行相关邻避项目信息的实时更新,注意提高民众对涉及邻避事项时政府官网的可操作性和利用率。其次,依法规制和合理拓展自媒体多渠道的信息公开途径。随着科技的发展和4G网络的普及,自媒体(如微博、微信公众号、快手、抖音等人气较旺的自媒体软件)在

---

[1]《政府信息公开条例》第23条规定:"行政机关应当建立健全政府信息发布机制,将主动公开的政府信息通过政府公报、政府网站或者其他互联网政务媒体、新闻发布会以及报刊、广播、电视等途径予以公开。"其第25条规定:"各级人民政府应当在国家档案馆、公共图书馆、政务服务场所设置政府信息查阅场所,并配备相应的设施、设备,为公民、法人和其他组织获取政府信息提供便利。行政机关可以根据需要设立公共查阅室、资料索取点、信息公告栏、电子信息屏等场所、设施,公开政府信息。行政机关应当及时向国家档案馆、公共图书馆提供主动公开的政府信息。"

公众生活中逐渐普及开来,公众在自媒体上关注政府的实时动态也成了一种新的常态。目前,在上述自媒体上已开通政府账号的一些普法区块收到了很好反响,公众在茶余饭后拿起手机的碎片时间就能了解政府的实时动态和生活中的法律规则。政府以形式多样的传播方式和幽默活泼的语言风格进行传播,打破了以前政府信息公开风格上的严肃、生硬,提高了公众的关注度、接受度,同时依法依规加大对相关自媒体的有效监督。政府信息公开制度作为一项沟通机制,通过政府的开诚布公与行政的持久开放、公众对行政信息的了解与对行政活动的参与,以及双方积极的协商、交流与对话,实现政府与社会之间的信息对流,达成彼此信任与合作之目的。[1] 做好邻避项目的信息公开工作,可以拉近政府与涉邻避项目相关公众的互动关系,让周边普通公民对邻避项目有一个客观准确认识,一定程度上还可以制止涉及邻避项目危害性虚假信息的传播,有利于邻避项目建设中政府、企业、公众在一个相对稳定的状态下进行对话交流。同时,开展良好的邻避项目信息公开工作,也维护了公众的环境知情权,体现了政府不断提高的依法行政水平,加深了政府、社会组织和公众之间的信任感,提升了政府公信力,有助于缓解和加快解决环境邻避冲突。

五、推进环境影响评价制度改革,禁止可能造成严重污染的邻避项目上马

作为一项能够对建设的项目实施后可能造成的影响进行分析、预测和评估,并且有针对性地提出预防、缓解消极环境影响的措施,环境影响评价制度在环境邻避项目中具有防患于未

---

[1] 江国华编著:《中国行政法(总论)》,武汉大学出版社2012年版,第402页。

然的重要作用。我国环境影响评价制度在近几十年的发展中日益成熟完善，在推动节能减排，减少生态破坏，调整产业结构和布局，优化经济增长，促进决策的科学化和民主化等方面，发挥了重要作用。[1]但是，我国的环境影响评价制度现实中仍然存在诸多问题，如环境影响评价制度本身仍不够完善、环境影响评价过程中的公众参与度不高、环境影响评价制度中的法律归责制度不完善等问题，这些都制约着该制度对解决环境邻避困境发挥特殊作用。只有加快推进我国环境影响评价制度的改革，从源头上禁止可能造成严重污染的邻避项目上马，才能减少环境邻避困境的生成，使邻避项目在一个良好的社会环境下有效推进。

第一，进一步细化环境影响评价制度的具体内容、程序，加快完善涉及环境邻避项目的环境影响评价制度。目前，我国《环境影响评价法》只对规划项目、建设项目的环境影响评价进行了规定，仍然不够细化。可根据邻避项目性质划分具体的分类，将不同类别邻避项目的环境影响评价主体范围、具体程序、环境影响评价报告等需要包括的内容依据进一步细化，使环境影响评价制度能更加具体化，在具体操作过程中，避免各地主管部门怠于行政、"漏管""漏批"[2]等现象发生。对环境影响评价制度中信息公开制度的内容、期限、方式进行明确规定，充分保障公众在邻避设施环评阶段的知情权，防止行政主管部门滥用职权，避免因信息不对称导致的官民矛盾。对环境影响评价制度专家小组专家库的组成程序进行明确规定，规定审查

---

[1] 任景明：《从头越：国家环境保护管理体制顶层设计探索》，中国环境出版社2013年版，第115页。

[2] 任景明：《从头越：国家环境保护管理体制顶层设计探索》，中国环境出版社2013年版，第117页。

小组专家的抽取程序应当公开进行，避免行政主管部门与企业"不当沟通"后只选择约定专家进行环评的现象，并规定将接受委托为邻避项目提供环境影响评价技术服务的机构非涉密信息进行公示。依法对公众在就审查小组专家、环评机构、环境影响评价报告结果等存在异议时，其诉求权及诉求表达方式、途径进行明确规定。还应对各主体在环评过程中，违反自身义务、程序规定承担的责任进行明确规定。

第二，强化公众参与在环境影响评价制度中的参与和监督作用。我国《环境影响评价法》中公众参与途径明确规定为"论证会""听证会"及其他形式，对公众参与的公众范围并不明确。由于普通民众对邻避及环境影响评价相关问题的不了解，公众参与在实践中有时存在很随意的现象，未来可将由公众组成并代表公众利益的环保组织纳入环境影响评价的公众参与主体中。随着科技的不断发展，公众参与途径也不仅仅局限于"听证会""论证会"，可以充分利用"互联网+"的便利性，将官网、官方APP、官方微博、公众号等方式及时纳入参与途径和有效方式中，集思广益，群策群力，提高环境影响评价结果的科学性和民主性。

第三，完善环境影响评价制度中的法律责任设计。《环境影响评价法》第四章规定的"法律责任"只有6条，并且主要规定的是行政责任，只在第32条提到了刑事责任，也仅仅是一笔带过，并无具体规定。实践中，环境犯罪往往造成的危害后果都极为严重，仅仅对其科以行政处罚或罚金，并不能产生很好的法律威慑作用。对于环境影响评价过程中，主管行政机关以及工作人员不作为、怠于行政、收受回扣等，以及环评单位"拿人钱财、替人消灾"违反职业道德制作虚假环评报告的行为，都应当在《环境影响评价法》或《刑法》中明确其应当承担的刑事责任。同时,建立终身责任追责制[1],增强各责任主体在环境影响评价中的责任意识,做到合法合理地进行环评工作。

六、构建科学的社会稳定风险评估体系,从技术角度做好破解环境邻避困境的预警工作

随着社会经济发展水平的提高,公众对居住周围的生活环境和生态水平的要求也越来越高,但同时社会的不稳定因素也越来越多,公众的风险意识随之不断增强,尤其在涉及自身利益的情况下,公众的风险感知力更加敏锐。尤其在谈到邻避项目时,公众内心就容易产生排斥和抵触心理,加之公众往往缺乏对邻避项目专业知识的准确认知和理性辨析,即使邻避设施的影响在现有科技水平下是可控的,公众依旧具有强烈的排斥反感情绪。部分地方政府在建设和推进邻避项目时,往往无意或有意忽视了当地民众的舆论舆情,甚至完全忽视了公众知情权、参与权的保护,这就极大降低了当地政府的公信力。加之如今社会信息媒体的迅疾传播,公众在信息不对称的情况下很容易受到不实舆论的诱导,产生更激进和更具破坏性的情绪和行为。这些因素的相互叠加,极易引发环境邻避事件的爆发。在党的十八届三中全会通过的《中共中央关于全面深化改革若干重大问题的决定》中,强调了要健全重大决策社会稳定风险评估机制。2015年3月5日,李克强总理的政府工作报告中,再次提出落实重大决策社会稳定风险评估机制建设的要求。客观上,如果能在环境邻避冲突领域构建一套科学的社会稳定风险评估体系,就能及时准确预警环境邻避事件的发生率,最大限度预防环境邻避事件的发生,调整各方利益,及时维护当地

---

[1] 刘爱军:《生态文明与环境立法》,山东人民出版社2007年版,第227页。

社会的稳定，促进邻避项目的顺利进行。将来可以围绕邻避项目建设，在以下三方面不断推进我国的社会稳定风险评估机制建设。

第一，建立专门的社会稳定风险评估机构，将社会稳定风险评估权力更多赋予专门的社会稳定风险评估机构和专业人员。相关政府机构、企业、社会组织和公众都是环境邻避事件的涉事主体，将社会稳定风险评估权力赋予这四大主体以外的专门社会稳定风险评估机构和专业人员，由于其身份、地位相对中立，能更多确保其在评估时作出更客观的分析和判断，而且这些机构和专业的专家学者往往都具有社会稳定风险评估的专业知识，在业界享有崇高的学术地位和社会威信，能更准确高效地开展和完成好此项严肃工作。

第二，加快制定涉及邻避项目的社会稳定风险评估法律法规。目前，我国在卫生系统重大事项、重大固定资产投资项目、卫生计生系统重大决策方面，均已有专门部门规章对这几个事项上的社会稳定风险评估机制进行了规定。将来应加快制定与邻避项目相关的社会稳定风险评估法律法规，这不仅为后续在邻避项目启动之初组织社会稳定风险评估提供了法律依据，还可以防止政府因其行政权的天然属性，拒绝配合、提供评估所需的数据、材料情况的发生。

第三，建立多向度的邻避风险调查和社会沟通机制。首先，要组织专业人士面向公众进行邻避项目知识宣传和答疑释惑，争取获得当地公众理解和建立彼此信任后，获取公众真实的观点、准确的利益焦点和相应的意愿反馈。其次，与政府搭建平等的沟通、检测平台。政府应主动配合评估人员工作，及时提供政府对邻避项目的观点、对策和真实态度，以供评估人员就公众对政府的信任度进行有效预估。最后，搭建与企业的沟通、检测平台。确保所涉企业遵循诚信原则，及时提供企业的环境邻避项目计划和相关数据给评估人员，供评估人员就邻避设施对环境可能带来的负影响进行评估。评估人员通过各方主体信息反馈的大数据，进行专业化分析，对邻避事件发生的可能性进行预估评测，划分不同等级，并针对邻避冲突预警的等级，针对不同主体提出适宜的解决对策，供当地政府能在邻避冲突发生前，有效预防和解决邻避项目存在的突出问题，有效维护社会稳定，促进当地邻避项目的顺利进行。

七、完善我国环境邻避设施建设的公众参与和社会监督法律制度

一些重大民生工程项目中的民主因素在我国法治建设中具有特殊的现实价值，但对之又不能迷信、盲从，必须结合我国国情有序、分步骤地合理推进实施。尤其在邻避项目建设中，政府作出行政行为时重视公众参与权和监督权依法行使与保护，有助于增强公民对政府的信任度，实现行政程序、行政行为的合法、公正、透明。随着我国法治进程的不断推进，人们对美好生活的要求和期待已不仅仅局限在满足于物质层面，随着公民自身权利意识的逐渐增强，参政议政、关注程序正义的热情和积极性也逐渐显现。邻避项目作为一项涉及群众权益的公益事业，在整个邻避设施建设中，各级政府应当充分保障公民的参与权和监督权。具体而言，可以从完善我国邻避项目建设中的公众参与和社会监督两个法律制度维度入手。

（一）有序和加快完善我国环境邻避项目建设中的公众参与法律制度

我国邻避设施建设中的困境，很大程度上是因公众对邻避设施的情况了解甚少，有的仅根据自身的固有想法，甚至是个

别虚假信息的误导,而对邻避设施可能造成周边环境的污染、破坏自己原来舒适良好的居住环境产生强烈忧虑感,同时,邻避设施建设也确实牵扯到公众利益的环保大问题。无论是想解决公众的认识问题,还是预防邻避设施建设易产生的环境污染问题,未来政府在作出相应行政行为时,都应采取有效方式重视和保障公众的有序参与权利。

第一,要扩大邻避项目建设中的公众参与范围。虽然,在我国绝大多数环境邻避冲突中,直接的主体都是政府、企业和邻避设施周边的居民,但是由于三方主体利益的牵涉问题,仅将周边居民、企业列入邻避项目推进中的公众参与范围,不免过于狭窄。面对这种困境,可以将依法注册登记、专业性强、运作规范的非政府社会组织纳入邻避项目领域内的公众参与范围。比如,我国现有的环境保护组织,其性质基本都是为维护环境权益自愿结成的非营利性公益组织,其很多成员来自民间环保人士;正是由于其发源于民间,所以其在民间的号召力、影响力都是极强的,其不仅能作为邻避设施周边公众的代言人,还可以较理性、有效地与政府、邻避设施企业展开平等对话。因此,将此类社会组织纳入邻避设施建设中的公众参与范围,给予其合法参与地位,构建其与政府展开充分合作并参与邻避冲突治理的良性互动机制,实现有效协调公众、企业和政府间利益关系的有序对话平台,为最终解决我国环境邻避冲突发挥其积极建设性作用。

第二,应创建形式多样的公众参与模式,不断拓宽公众参与渠道。一些政府不应单纯将招商引资、引进项目带动本地经济发展作为唯一施政目标,尤其是在招商引资的项目中涉及邻避设施建设的情况下更不能顾此失彼,应在促进本地经济发展与维护当地环境权益方面实现平衡。当地政府在考虑引进邻避项目时，不仅要宣传项目可以给当地带来经济发展、给当地民众带来就业机会等好处，还要充分重视和注意收集公众对邻避项目的主观态度。此外，政府在推进邻避设施选址、规划建设、后期审核批准时，在确保公众知情权的基础上，还应重视公众对邻避项目决策和规范运行的全过程参与权。目前，官方不能局限于某种单一的利益表达方式，必须积极拓宽公众参与渠道，让项目周边民众能就邻避设施建设充分行使自己的参与权，而不是徒具形式意义。当下而言，公众参与的形式不应只有听证会、座谈会、网上征集意见等固定方式，只要客观条件和国情允许还可以开发许多新的公众参与渠道。

其一，政府可以派员主持召开协商会议。[1]不同于听证会、座谈会，协商会议旨在将政府、邻避相关领域的专家学者、邻避项目建设方、因邻避项目利益可能受损的民众及媒体等不同主体置于平等交流地位，为其搭建一个耐心对话平台，以供其就邻避相关问题进行充分讨论、谈判，以期在邻避项目引进、选址、建设和监督等事项上达成共识，延缓或避免邻避冲突发生，使兴建邻避设施的过程成为最大程度为当地带来多方收益，为当地经济和社会良性循环发展奠定坚实基础的共赢事业。

其二，充分利用"互联网+"在现代社会中的作用，发展多种网络化的公众参与途径。比如，就邻避相关问题在政府官网上进行问卷调查，设立专门邮箱供公众反馈意见，设计官方APP给公众搭建一个全新的参政议政平台，通过官方微信公众号、微博等多样化自媒体形式，建立全方位的网络参与邻避项目决策渠道，畅通政府和公众之间的沟通交流渠道，建立一套全新、有效、和谐有序互动的沟通机制。

---

〔1〕 李巍："协商民主视阈下邻避冲突的行政法规制"，载《西部法学评论》2017年第3期。

其三,加快制定一部较完善的《行政程序法》。目前,我国在行政程序方面只有几部单行法,还没有一部完整统一的《行政程序法》,这就使一些地方政府在作出行政行为时,并没有统一的法定程序为依据,政府行政行为的随意性过大,这必然导致公众的知情权和参与权无法得到很好保障。加快制定一部高品质的《行政程序法》,将所有的行政行为程序性一般规定(包括邻避项目建设所有环节需经过的行政程序性规定在内)都以具体法条形式纳入该法中,这会保证公民、企业、社会团体、其他组织等社会主体,在每个行政行为的每个阶段享有的程序性权利都能找到明确的法律依据,这不仅使公民参与的行政程序能有法可依,还能为实现程序公正、解决复杂的利益纠纷奠定诉讼法治基础。

(二)积极推进和完善我国环境邻避项目建设中的社会监督法律制度

任何制度的良好运行,都少不了监督机制的配合。[1]在我国经济近些年快速发展的同时,环境问题也越来越复杂,尤其在涉及邻避相关问题中,处置的难度和解决过程的不易更引起了全社会的关注。部分无良企业在获取邻避设施建设权后,常常会为获得经济利益而忽视应尽的环境保护义务,甚至出现偷排漏排、瞒报污染信息等恶劣行为。由此不仅会引发涉邻避项目的环境群体性事件,还容易导致政府在具体处置和环境执法时面临两难境地。公众强烈的环境维权意识以及公众参与保护环境的强烈意愿与当前有限的环境执法资源相冲突,使得政府在环境邻避设施建设过程中的执法资源有限,很难对邻避设施建设的过程中做到有效监管,此时只有充分重视起公众的社会

---

[1] 沈琼璐、杨蓓蕾:"上海环境邻避冲突治理探究",载《中国国情国力》2016年第2期。

监督，发挥其在环境邻避设施建设中的重要性，才能构建一套完备的环保监督网络[1]。具体可以从以下三点入手：

第一，扩大社会监督渠道，拓宽投诉举报途径。目前，我国对涉及资源环境保护行政执法的监督形式有全国较为普遍的环境信访、听证会、座谈会，以及个别地方较有特色的公众环保检查团[2]、市民陪审团[3]等形式。要充分发挥环境类社会监督的积极作用，及时有效地将公众所掌握的邻避项目环境污染问题反馈到政府环保执法部门，保证公众举报途径的顺利畅通。除了完善原有的环境监督举报途径外，还可以充分利用现代科技手段拓宽公众环境监督举报的新途径，如进一步保障"12369"环境保护举报热线、国家生态环境部官网以及各地方政府官网上环境保护监督举报栏目的规范化建设，积极创建地方政府及其环保部门的官方微信公众号，并在公众号服务里增加环境保护监督举报栏等方式，为公众在监督包括邻避项目在内的环境资源保护事项时，对发现的违法违规、严重破坏和污染环境的行为，能及时反馈到相应的行政主管部门，以便其能及时采取法律应对措施，提高政府部门的环保执法效率。

第二，建立积极鼓励和有效保护民众主动监督邻避项目的维权机制。现实生活中，往往是邻避设施建设方的资金和势力较大，个别企业还与政府内部有着某种"非规范性"关系，这导致很多民众在发现邻避设施建设中出现环境隐患时，却因为忌惮建设方的势力或是担心事后遭到报复而不敢轻易举报。这就需要政府及时制定和出台相关的救济性制度规范，鼓励公众积极监督邻避设施的建设和安全运营，依法保护反映邻避设施问题举报人的

---

[1] 崔浩等：《环境保护公众参与研究》，光明日报出版社2013年版，第146页。
[2] 崔浩等：《环境保护公众参与研究》，光明日报出版社2013年版，第158页。
[3] 崔浩等：《环境保护公众参与研究》，光明日报出版社2013年版，第159页。

个人信息和人身安全等,如加快设立或完善环境污染问题有奖举报制度、环境污染问题举报人的信息保密和行政赔偿制度。

第三,有序引导更多社会主体参与到针对邻避项目的广泛性社会监督中。单个民众对邻避项目存在问题的监督力、影响力往往是不够的,应更充分有序地发挥传统新闻媒体、各类新兴媒体以及其他环保类民间组织的社会监督作用。只有对邻避项目安全规范建设和运行关注的眼神越多,这种社会监督的广泛性才会越强,发挥的实际效果也相对更明显一些。

八、实质化推进我国邻避项目建设中的听证制度实施

根据我国《行政许可法》《环境影响评价法》《环境保护行政许可听证暂行办法》等法律法规规定,为了规范环境保护行政许可活动,提高环境保护行政许可的科学性、公正性、合理性和民主性,保护公民、法人和其他组织合法权益,县级以上人民政府环境保护行政主管部门实施环境保护行政许可时,应当遵循公平、公正、公开和便民原则,充分听取公民、法人和其他组织的意见,保证其陈述意见、质证和申辩的权利。换言之,在邻避设施建设之前,县级以上人民政府环境保护行政主管部门应该依法组织听证,听取邻避设施建设规划区内公民、法人及其他组织的意见。

目前,我国政府针对邻避项目的决策,一般都是由政府直接作出,然后宣布并直接进入实施阶段,大多数邻避设施周边居民的实质性参与都是在邻避危机发生时。这种决策模式因没有经过事先的民主协商阶段,只会使一些邻避项目的建设进入恶性循环模式。我国环境听证程序往往流于形式化,公众参与的组织化程度不高,有效参与能力也不足,且存在"假听证""职业听证"等弊病,行政机关在"整个决策过程中很少征求公

众意见,即使有时政府迫于舆论压力不得不邀请公民参与,也可能会用表面化、形式化的民意调查来代替实实在在的公众意见征询"[1]。听证制度设立的目的在于保障公众参与政府的环境管理与决策,监督政府的环境治理和排污企业的经营活动,保障其自身在环境保护领域的知情权、表达权、监督权。在当前邻避冲突多发的背景下,实质化推进听证制度的核心内涵是扩大公民实质性参与,保障公民对邻避项目的知情权、表达权、监督权等,这不仅是环境民主原则[2]的要求,也有利于最大限度保护公众环境权益,推动邻避项目的有序开展,增强公民的社会责任意识,维护社会公平正义,而且更有利于促进政府决策科学化、提升政府决策公信力、保证决策的顺利实施。

实质化推进我国邻避设施建设过程中的听证制度,核心要义在于保障公民参与。应做到以下几点:第一,政府应主动进行信息公开。风险认知理论认为,公众对于邻避设施建设的担忧是"一种主观的心理感受,并且更容易受到外界因素的影响"[3]。主动、全面地公开相关信息,为公众获取信息、表达意见提供各种可能的方式和途径,并且及时将处理意见反馈给相关公众,是保障公众参与的首要条件。不能只公开对公众有利的信息而隐瞒对公众不利的信息,更不能以信息内容涉及国家秘密、商业秘密为由拒绝公开。AEB 垃圾焚烧厂和瑞典垃圾焚烧厂的科学建设与高效运行,周边居民主动参与其中是最大原因。只有让居民有效参与其中,才能让其更详细地了解垃圾焚烧项目效

---

[1] 尹素琴:"邻避冲突的地方政府决策诱因探析",载《新疆财经大学学报》2014 年第 3 期。

[2] 环境民主理论的核心内涵主要是指公众对于涉及自身环境权益和社会公共环境利益的事项,有权参与决策和管理,并对相关活动的实施过程进行监督。

[3] 邓君韬:"'邻避运动'视野下 PX 项目事件审视",载《湖南社会科学》2013 年第 5 期。

第五章　中国推进环境邻避运动治理的法治路径

能,对该项目的利弊得失有更清晰的认识,也才能更大程度减轻他们内心的拒斥心理,从而通过正确行为方式使邻避项目能顺利选址并进行后续建设。

第二,及时反馈公众的意见。对于公众意见存在较大分歧的问题,可以通过让公众自行推选代表,听证会的代表应由邻避设施周边居民自行推荐或抽签随机决定等形式产生,实现面对面的沟通交流,以保证意见收集的民主性、科学性和有效性。信息只有实现双向交流互动,才能保证其准确性。政府主管部门应该设立专门的公众意见研究工作小组,负责公众意见的收集、研究和反馈;也可以由受影响的公众、社会组织、政府代表、行业专家等组成"社区咨询委员会"专门负责公众意见的收集、处理、反馈工作,搭建起公众与政府、企业之间沟通的桥梁。[1]

第三,制定或修改邻避设施选址方面的相关规定。目前,在我国法律体系中,有关邻避设施选址的规定大都规定在各职能部门的具体规定中,有的已经明显滞后于现实实践中有关项目选址的发展需要,其对于邻避设施选址的程序、基于选址产生的争议如何解决等问题都没有涉及,这也非常不适合相应的宣传教育活动开展。因此,立法部门需要及时制定或修改有关邻避设施选址方面的具体规定,完善相应法律程序、争议解决步骤等内容,从而对推进邻避设施选址起到更好的引导、约束和保障作用。

第四,加强有效的环境宣传教育。加强环保宣传教育不仅是我国社会主义法治文明建设的要求,也是当前解决邻避冲突问题的有效举措。良好的环境宣传教育手段是实质化推进我国听证制度实施,实现公众有效参与的保障。生态环境部门要真正转变工作理念和工作作风,使环保宣传教育落到实处,落到

---

[1] 《环保公众参与的实践与探索》编写组编著:《环保公众参与的实践与探索》,中国环境出版社 2015 年版,第 82 页。

周边居民的心坎里。通过开展形式多样的环保宣教活动，如环境教育进社区、定期举办环保讲座、环保经验交流会、环保展览等，或者组织公众到垃圾焚烧厂、PX项目运营企业参观等，向广大公众普及环保理念、环境科学知识，提高公众参与环境事务的能力，规范公民的环境参与行为。

九、政府应依法加大对环境邻避设施造成污染的处罚力度

行政处罚是行政主体依照法定职权和程序对违法行政法规范，尚未构成刑事犯罪的相对人给予行政制裁的具体行政行为。我国《行政处罚法》采用了列举式和授权式两种方式规定了行政处罚种类，明确列举的行政处罚一共有六种，可归为四大类：申诫罚，包括警告；财产罚，包括罚款及没收违法所得、没收非法财物；行为罚，包括责令停产停业及暂扣或者吊销许可证、暂扣或者吊销执照；自由罚，即行政拘留。《环境保护法》在第六章中亦规定了企业事业单位和其他生产经营者违反法律规定，违法排放污染物应当承担的法律责任，包括罚款、限制生产、停产整治、责令停业等。

具体到环境邻避冲突的治理问题，环境邻避设施从选址到建成经过了规划、环评等诸多程序，其与居民生命健康具有特殊的联系，其所造成的环境危害问题也较突出。具体而言，政府作为国家行政管理机关，依法对造成环境污染的环境邻避企业予以行政处罚，是依法行政的应有之义。比较域外国家的立法经验，德国对于企业（单位）[1]造成的环境危害，则采取全部否定刑事制

---

[1] 单位犯罪在各个国家覆盖的范围不同，对其的术语界定也存在差异。例如我国刑法中对于环境犯罪规定为单位犯罪，日本规定为法人犯罪，韩国规定为企业犯罪。此处所探讨的为行政制裁，以区别于刑事制裁，为便于分析，研究中的企业（单位）以下统称为企业。

裁的立法例。对于企业造成的环境损害，德国通常以秩序违反金（Geldbusse）的形式予以行政制裁。韩国在对于企业造成的环境损害采用的行政制裁方式有：限制企业运作的制裁，包括责令停止营业、解散法人等；金钱的制裁，包括追罚税、罚款、迟延履行金等；有关名誉上的制裁，包括公开发表处罚命令等。

　　冲突与合作是人类面临的永恒问题。[1]政府应当转变发展方式，对"三高"（高污染、高耗能、高排放）企业着力进行严格排查，加快推进"散乱污"企业治理，关停部分产能过剩企业或项目，树立绿色和环保的发展理念。地方政府在面对邻避设施造成的环境损害时，除了进行积极应对，避免邻避冲突陷入恶斗，导致零和博弈或负和博弈的结局之外。对于现有的邻避设施，应当加大监督审查力度，定期排查、监督、引导，平衡经济发展和环境保护之间的关系。结合我国社会实际与立法趋势来看，随着新修订《环境保护法》的施行，我国《大气污染防治法》《水污染防治法》《环境影响评价法》《建设项目环境保护管理条例》等单行法律法规的修订，我国对环境违法行为的处罚力度较以前均有较大幅度提高。各级政府应当严厉打击利用危险废物破坏环境的违法行为，坚决遏制危险废物的非法转移倾倒、利用和处理处置，在排查中如发现邻避设施运行中存在上述问题，政府应当依法吊销其相关证照，构成犯罪的及时移送司法机关。

　　值得注意的是，"一事不再罚"原则作为行政处罚中的重要原则，其意义在于防止重复处罚和滥用处罚，充分保护相对人的合法权益，体现过罚相当的法律原则，既能提高行政机关执法效率，保证行政执法的合理性和处罚的公正性，又能实现法

---

　　〔1〕 王郅强："从零和博弈到正和博弈——转型期群体性事件治理的理念变革"，载《吉林大学社会科学学报》2010年第6期。

律的教育作用。对于同一种违法行为的界定、行政违法行为的法条竞合等问题，均为行政执法的难点所在。由此，对于持续性的行政违法行为应当将其认定为同一违法行为，其追溯时限计算起点，根据《行政处罚法》的相关规定应当认定为行为终点的时间节点；对于连续性行政违法行为，其与持续性行政违法行为不同，其是有时间间隔的多个违法行为，对其多次处罚并不违反"一事不再罚"原则；对于牵连性行政违法行为，一种观点认为，可以借鉴刑法理论中的"牵连犯理论"，择一重处，另一种观点认为应当实现并罚。在环境行政监管领域，目前处于污染攻坚期，实现并罚更有助于惩罚环境污染行为；对于吸收性行政违法行为，根据违法行为的性质按同一违法行为或者从重处罚更为贴切。

根据经济人假设，邻避企业同样希望以尽可能少的付出，获得最大限度的收获，并为此可以不择手段。追求利益，是企业运营的核心目标。比较刑事制裁与行政制裁可以发现，刑事制裁虽然具有更强的威慑力，但定罪处罚的周期较长，而行政制裁则具有更强的灵活性。我国《环境保护税法》及《环境保护税法实施条例》规定了大气污染物、水污染物、固体废物和噪声等四大类污染物，共计117种主要污染因子被纳入环境保护税的征税范围，环境保护税则全部作为地方政府的收入。《环境保护税法》与《环境保护税法实施条例》的颁布实施，亦为我国探索设立追罚税提供了法律支持。

因此，通过加强行政制裁来规范邻避企业的运营，在结合客观事实和法律事实的基础上，发挥法律的教育、预防和引导作用，确保"行政罚责相一致"，对于避免"环保一刀切"，实质化推进我国的生态文明法治建设具有重要意义。

第五章　中国推进环境邻避运动治理的法治路径

十、加快应对环境邻避冲突的行政应急法治建设，保障处置过程中的公民基本权利

当民众赖以生存的环境受到破坏与污染，企业以损害环境为代价来换取利益发生碰撞时，民众会通过各种途径、方法保护其受侵犯的权利，有时不免出现一些极端的情景，此时邻避型群体性事件也就随之爆发，其引发的暴力，会危害到公共安全，扰乱当地甚至更大范围内的社会秩序。例如，杭州余杭中泰垃圾焚烧事件[1]、广东茂名反芳烃项目游行示威事件[2]，公众的诉求没有得到及时解决，反而受到有关部门的压制，从而诱发激烈的暴力对抗事件。分析近年来发生的邻避型群体性事件，反应出我国部分地方政府的环境危机预警能力不足，预警机制不健全，对因环境污染引发的突发性群体性事件的敏感性不够，加之回应邻避冲突的反应度较慢，致使在一些邻避冲突处置中丧失了控制事态的主动权，引发当地和更大范围内民众对政府的不信任、不满情绪。

能否在发生邻避型群体性事件时积极应对，是检验政府现

---

[1] 2014年4月，杭州市公布了2014年重点规划工程项目，其中包括即将在城市西部的余杭区中泰乡建造一座垃圾焚烧发电厂项目，以解决日益严峻的垃圾处理难题。规划显示，该垃圾焚烧项目计划一期日烧垃圾3200吨，二期日烧垃圾5600吨，但由于担心这些设施对身体健康、环境质量、资产价值等多方面带来负面影响，包括城西部分居民在内的群众，多次集体上街进行抗议。大量群众涌往余杭段高速，导致当地交通长时间中断和部分人员受伤。

[2] 2014年3月30日上午9时许，有80多名群众聚集在茂名市区油城五路大草坪，并慢行通过市区部分路段，表达对建立芳烃项目的不满；当天下午3时许，又有部分群众聚集茂名市委门前表达意见，有少数人把矿泉水瓶、鸡蛋等，并拦截车辆，造成交通堵塞，警察带回挑头分子29人协助调查；当晚8时许，一群不法分子开始在市区实施打砸行为，事后开始冲撞茂名市委北门和东门；晚11时许，违法分子将停在市委东门附近一辆正在执勤的警车烧毁，随后小部分闹事者开始乘摩托车，继续在市区多个地方打砸沿街商铺、广告牌，纵火烧毁多辆执勤警车及无线电通讯车等。

185

代化治理能力的试金石。部分地方政府及领导干部非常重视社会稳定的外在形式，过于注重表面景象，在面对社会矛盾时，往往是采取一种机会主义的态度，从而造成了政府行政人员在处置环境类群体性事件时，不愿也不敢主动面对，不是积极疏导劝解，而是极力压制和百般堵截，这直接导致当地公众内心的不满越积越多，以至于到最后把简单的矛盾和问题，逐步酿成难以解决的重大复杂问题和突出矛盾。邻避型群体性事件的防控体制受制于地方政府及其政策，部分政策出台的随意性大，模糊性强，政策措施也不周全，对可能出现的问题估计不足，预见性不强，甚至严重脱离实际情况，难以解决社会中已出现的问题。而且，当地政府各职能部门之间的职能不明确，导致相互推诿，加之缺乏具体可操作的环境污染损害鉴定评估技术规范和管理机制，导致此类群体性事件在我国部分地区频发。笔者认为，政府应加快提高应对此类群体性事件的应急处置能力，不断提高行政应急法治建设水平，保障公民等利益主体的合理环境诉求。

第一，应提高政府在邻避项目建设中的舆情分析和判断能力。很多此类群体性事件都是在周边居民并无主见时，受一些网络不当或者说未经科学验证的不实信息鼓动，实施了危害社会秩序的违法行为，因此政府应建立专门工作部门，及时保持对网络舆情的敏感度和快速反应能力。在网络舆情可能引起重大误导和不可预测后果时，采取合理和耐心疏导方法及时有效缓解周边居民的不良情绪。

第二，建立和完善应急处突法定程序和预案是快速反应、平息邻避型群体性事件的重要举措。"凡事预则立，不预则废"。法定程序是应急治理邻避型群体性事件的法定步骤和方法。政府应当加快制定一套合理应急处突的法定程序和预案，一旦事

第五章　中国推进环境邻避运动治理的法治路径

件爆发，政府及相关治理部门能依法、迅速、科学、有序展开应对，将事态控制在最小的范围、最大程度地减少事件对社会带来的影响。对此，发达国家也进行了探索并在法律中明文进行了规定，美国、法国、英国等国都有自己的应急处突法律，如美国的《国家紧急状态法》《联邦应急法案》等。虽然，我国于2003年5月9日颁布实施了《突发公共卫生事件应急条例》[1]，2006年颁布实施《国家突发公共事件总体应急预案》和《国务院关于全面加强应急管理工作的意见》，2007年颁布实施的《突发事件应对法》，均从国家层面确定了面对突发事件应当采取的应急措施，这对控制、减轻和消除突发事件引起的严重社会危害，规范突发性事件应对活动具有特殊的现实意义，但随着时代的发展，一些相关的法律法规尚不足以有效应对当前频发的邻避型群体性事件，因此急需加快政府应对环境邻避冲突的行政应急法治建设，提升政府在这方面的社会管控和依法治理能力。

第三，利用"互联网+"技术建立"大数据"应急预警平台。"互联网+"时代的飞速发展，不断创新着信息的传播途径，以微博、微信、抖音、快手为代表的自媒体平台，极大丰富了信息源和信息的传播渠道。公众会利用微博、微信等新媒体工具进行相关信息的发布并发表各种言论，导致形成强大的突发事件网络舆情。在任何社会或任何国家都会对社会舆论和舆情

[1] 该法共6章54条。有人大代表建议及时对该《条例》进行修订。此次新冠肺炎公共卫生事件暴露出我国《突发公共卫生事件应急条例》存在的一些不足。未来应在修改"层层上报"式机制，提高应急响应速度；完善"应急联动机制"方面的规定；实施隐瞒缓报谎报行为与个人征信挂钩等举措上加快修法进程，并适时将其提格为《突发公共卫生事件应急法》。"人大代表建议修订《突发公共卫生事件应急条例》：层层上报会受干扰"，载https://new.qq.com/omn/20200508/20200508A005UA00.html，最后访问时间：2020年5月13日。

给以适当的监控和干预,世界上对舆论和舆情丝毫不监控的国家是不存在的。[1]一个多种社会舆论存在的社会,永远在困扰着公民社会,必然要求政府进行强有力的政治沟通与监控确保媒体与民主自由,并在此基础上发展公共服务媒体。[2]加强网络监管,对于优化网络生态环境,充分了解网民的想法和心理,积极作出回应;对于潜伏性的突发事件,提前采取预防措施,通过发布信息等将其消除在萌芽之中,化解潜在风险,避免其他网民盲从;对于已经爆发的网络公共事件,政府应当具体情况具体分析,把握突发公共事件的主要矛盾和焦点,积极采取行动,把控舆情传播风向。邻避型群体性事件是政府突发事件治理的组成部分,因此政府应主动监管网络舆情。邻避型群体性事件中,贯穿于政府、社会组织、公众等主体之间的信息传播过程常常发生冲突,信息博弈中导致各方信息相悖。所谓信息博弈,是指一定社会主体双方或者多方之间为了获得利益,围绕信息进行的策略互动及其均衡的过程。信息博弈作为信息流动中策略互动及其均衡的社会行为,其内涵是基于利益存在的信息策略互动及其均衡。[3]在其他诸如"瓮安事件""康菲溢油事件"等突发公共事件中,便出现政府、媒体、公众三方信息相悖的情况,增加了事件处置的解决难度。因此,利用"互联网+"技术建立先进的"大数据"应急预警平台,相关部门应当积极作为,将监控到涉及邻避型群体性事件的相关信息及时通报给相关部门,及时采取有效手段预先化解邻避型群体

---

〔1〕 刘伯高:《政府公共舆论管理》,中国传媒大学出版社2008年版,第117页。

〔2〕 [英]约翰·基恩:《媒体与民主》,邬继红、刘士军译,社会科学文献出版社2003年版,第132页。

〔3〕 雷润琴:《信息博弈——公民·媒体·政府》,清华大学出版社2011年版,第19页。

性事件，并保障民众的基本权利。

第四，完善新闻发言人制度。根据拉扎斯菲尔德"二级传播"理论，在传播过程中，常有少数人是消息和影响的重要来源，这部分人频繁接触媒体，比一般人更留心媒体信息，对有关的事件有更多的了解，他们在一般网民中发表一些信息和表达看法能影响普通人，这些人就是"舆论领袖"。在邻避事件处置过程中，政府应有效利用该理论的支撑，由专门的新闻发言人发布相关权威信息，当有新的突发情况出现时，新闻发言人应当全面准确公布信息，及时回应公众的合理诉求，邀请新闻媒体参与其中，通过该制度保障公众的知情权。

第五，在预防和处理邻避型群体性事件中，法治教育依然发挥着其他工作方法不可代替的作用。法治教育是提高公民法治素养，培养公民法律意识，推进依法治国和维护社会秩序的一项基础工程。法治教育要注重培养公民的法律观念，使群众掌握了解更多的法律知识，只有公民掌握了更多与邻避事件相关的法律知识，才能更自觉地通过法律程序解决问题，而不是盲目地采取激进和破坏行为。未来应采取更新鲜灵活的方式积极引导公民树立法律意识，引导群众依法定程序表达自己的合理诉求，在彼此妥协满足群众合理诉求的基础上，避免邻避暴力性群体事件的产生。

十一、依法严厉对因处置邻避型群体性事件不力的官员进行党政问责

行政问责制最早起源于西方，美国学者谢菲尔茨在《公共行政导论》一书中，将行政问责制界定为：由法律或者组织授权的高官，必须对其组织职位内的行为或其社会范围内的行为接受质问、承担责任。行政问责制设立的初衷就是为了约束和

监督公权力，防止行政机关的决策失误，纠正权力运行过程中的错误，做到"有权必有责，用权受监督"，"权为民所用，利为民所谋"。我国的行政问责制自2003年非典事件后广泛兴起，在该事件中时任卫生部部长张文康和时任北京市市长孟学农因为隐瞒疫情、防控不力，被依法追究问责。近年来，随着《中国共产党问责条例》[1]《关于实行党政领导干部问责的暂行规定》《党风廉政建设主体责任和监督责任追究暂行办法》等党内法规的及时修订和颁布，在一定意义上强化了各级党政机关中公务人员的责任意识，起到了一定的警示威慑作用；且国家《公务员法》及《监察法》中对于行政问责均进行了相关规定，但是针对群体性事件方面的具体规定较少，行政问责制在我国处置邻避型群体性事件中的运用尚不成熟，仍存在诸多实际问题。对过程中和事后处置不力和严重失职渎职的领导干部和公务人员，应当加大党政问责力度，绝不姑息，绝不迁就。同时，还要加快完善我国的党政问责法律体系，优化推进党政问责的制度环境，依法有效保障邻避冲突中公民的合法权益。

第一，加快修订或完善应对邻避型群体性事件的行政问责立法，不断完善相关的行政问责法律体系。从立法上看，我国应对各类群体性事件的行政问责法律规范仍存在一些空白。尤其是对于邻避型群体性事件，在没有受到广泛关注并产生重大影响时，行政机关不会一般主动启动行政问责程序。因此，通过专门的精准立法，将进行问责的主体、问责客体、问责方式、程序、救济、结果等事项予以明确规定，突出行政问责制在邻避型群体性事件中的地位，强化相关利害关系人的责任意识，

---

[1] 该《条例》共27条，最新一次修订由中共中央2019年9月4日发布，自2019年9月1日起施行。2016年7月8日中共中央印发的《中国共产党问责条例》同时废止。此前发布的有关问责的规定，凡与本条例不一致的，按照本条例执行。

全面依法实施行政问责追责，使行政问责制真正在邻避型群体性事件后续处置中发挥强大制度保障作用。

第二，严格明确问责主体，强化异体问责监督。对因处置邻避型群体性事件不力的相关责任人员追究和认定责任时，必须要由法定的主体进行。当下，同体问责往往在我国邻避型群体性事件中占据主要地位，但同体问责又存在诸多固有缺陷；行政机关作为利益共同体，自身不会也不太情愿"特别主动"地追究自己违法或失职的责任，问责启动权掌握在系统内部，很难真正实行得了老百姓期待的行政问责制。而异体问责恰恰能很好填补同体问责的不足，如果两者能发挥各自特长，进行必要的制度性互相配合、互相合作，从内外结合的复合角度追究处置邻避事件不力官员的责任，才能发挥行政问责在邻避型群体性事件中的作用提供制度保障。

第三，有序拓宽问责范围，规范问责追责程序。邻避型群体性事件的发生发展往往具有阶段性，一般会存在酝酿、集合、爆发、处置四个阶段，而大多都能在萌芽阶段被遏制住，可是在酝酿阶段如果处理不好，就会进入下一个阶段，直至最终爆发。可见，行政问责不能仅局限于事后问责，应该在每一个阶段对违法、不作为或失职人员进行责任追究，将问责落实到邻避型群体性件的各个阶段，保障行政问责的全面性，有序扩大问责范围，启动事先问责、决策问责。错误的邻避决策无疑会带来经济损失和资源浪费，甚至导致更严重危害后果的发生，理应优先纳入问责的范围。同时，要规范行政问责程序。一项合理有效的制度要想真正实施起来需要有规范的程序，缺少严密精细的程序，行政问责制将成为一种摆设，像丧失了灵魂的躯壳，也无法实现该制度设立之初的良好愿景。因此，问责程序需在立案、调查、决定、通知、执行五个方面作出明确规定，切实保障问责客体的合法权益。

第四,完善相关救济制度,加快形成权威高效的问责法律体系。应通过完善问责救济制度保障问责对象的合法权利,加快建立应对各类群体性事件的行政问责救济体系。既要加强行政系统内部的救济,也要完善司法机关的裁判救济。行政救济包括申诉、控告和信访等主要方式,通过完善申诉程序,扩大行政复议范围来实现行政机关内部救济。而司法救济相比于行政救济来说更具有权威性,也最能让公众信服。[1]司法救济是法院根据问责对象的申请,对行政问责的合法性进行审查。司法机关不是邻避事件的当事方,它能够站在第三方的角度公平审查案件事实,对问责确实存在的不合理或者错误进行及时纠正,并能及时保护被问责对象的正当权利。

第五,优化党政问责的制度运行环境。一个良好法律制度的实施离不开外部环境,有了完备的运行环境,法律制度才能长久有效地实施下去。要想邻避型群体性事件行政问责制正常实施并发挥作用,就需要优化行政问责制的运行环境,重塑问责文化,增加责任意识。行政问责制的出现正是对"官本位"观念的冲击,营造一个良好的问责文化氛围有助于转变政府传统职能,增加政府公信力,树立起现代政府、责任政府的新形象,增强政府官员的责任意识,对提高其行政治理能力有积极的促进作用,还可进一步督促政府有效解决邻避型群体性事件,重塑问责文化;在优化制度运行环境中,还应该注重民主法治、公众参与,这两点对解决邻避型群体性事件起着关键性作用,只有注重民主法治,行政问责制才能有合法合理的法律依据,才能真正贯彻落实;只有注重公众参与,才能充实现有的党政

---

[1] 胡逸文:"我国公务员权益保障与救济制度的研究",复旦大学2009年硕士学位论文。

问责制度体系，才能构建完善的党政问责法律机制。文化本身蕴含的行为模式与法律所规定的行为模式是否契合，直接关系到法律的实现程度和社会效果以及在实施过程中所要花费的代价。[1]

第六，完善相关法律监督机制，提升政府的公信力。邻避型群体性事件中问责制能否有效实施与权力监督机制是否完善有着密切联系。要充分发挥行政问责制的作用，就要提高相关职能部门的监督效能，实现内部监督与外部监督、国家监督与社会监督的有效结合，从事后监督过渡到事前、事中监督的全过程监督，建立起较完备的权力监督制约机制，加快提升政府的公信力，促使其权威高效的处置邻避型群体性事件。因此，形成监督地方政府权力运行全过程的问责制度保障机制，对于促进行政权力的规范运行具有特殊的现实意义。

十二、企业应依法负责邻避设施的安全运营，构建良好的项目外部运营环境

传统的商人理论、企业理论把盈利或赚钱视为企业或商人的唯一责任，以个人（股东）本位为出发点，认为最大限度地盈利从而实现股东利益的最大化是企业最高或唯一的目标。企业社会责任理论则以社会本位为出发点，认为企业的目标应是二元的，除了最大限度地实现股东利润以外，还应尽可能地维护和增进社会利益。资源的过度开发、资源浪费和环境污染是社会可持续发展面临的重大现实问题，而企业活动是造成这些问题的主要因素。社会发展依赖于企业的发展壮大，城市化进程的推进更离不开配套建设的邻避企业，但能否解决企业经营

---

[1] 舒国滢主编：《法理学导论》，北京大学出版社2012年版，第288页。

与社会发展在资源、环境方面的矛盾,却仍有赖于企业是否履行了其在资源开发、环境保护和合理利用上的社会责任。这就要求邻避企业一方面按照有关法律规定尽可能合理地利用资源,减少对环境的污染;另一方面要依法承担因自身经营造成的资源浪费和环境污染的税费支出。邻避企业在实现其经济利益和社会责任协调发展过程中,应努力做到以下三点:

第一,提升企业自身的风险应对能力,建立科学的风险评估机制。企业在项目运营中,应当积极主动采用科学的方法进行邻避项目风险评估,对拟建设的邻避设施各项指标有更清晰的认识,辨别出潜在的显性风险和隐性风险。并结合风险评估结果,对可能存在的风险采取及时的应对措施。如在垃圾处理厂附近建立起隔离带、引用先进技术对污染源进行处理、安装空气净化器等。同时,采用先进技术将各项风险指标控制在合理范围内,定期定时进行检修检测和质量监控。

第二,严格遵守法定程序,主动进行环境污染相关信息的公开。及时的环境污染信息公开是邻避企业规范化运行的客观需要,也是减轻和消除项目周边居民紧张情绪的现实需求,邻避设施的建设和运行必须严格遵守相关法定程序,规范化推进此项企业信息公开工作。邻避企业在邻避设施运营阶段,要切实落实技术监管,加强对邻避设施的日常检测,防止各类不当危害的发生;同时,邻避企业应主动公开项目建设和运营需要的合规性文件和相关数据参数,并进行简便化、常态化的说明解释和宣传展示,自觉接受广泛的社会监督。

第三,通过合理化补偿方式减少邻避项目产生的负外部性效应。对于邻避项目周边居民而言,不仅要承担邻避设施当下带来的不便,还要承担邻避设施未来潜在的风险,因此,政府和企业应强化利益损失合理化补偿意识,尊重和保障受邻避设施负外部性影响居民的切身利益。补偿措施不仅仅是对相关居民损失予以弥补的一种手段,更是建立起政府、企业、公众之间信任的桥梁。当然,补偿方式不应只拘泥于经济补偿这一种。邻避企业和地方政府还可以联合在邻避项目周边投资建设当地居民欢迎的公共设施,如主题公园建设、养老福利场所建设、游乐场建设、医院建设等,还应该优先安排当地群众就业,甚至定期给予其身体或心理健康检查等,以此弥补当地居民因邻避设施承担的各种成本。

总之,我国邻避企业作为邻避项目的直接受益人和第一责任人,不应总是躲在各级政府身后赚取自己的企业利润,应当积极承担自己应尽的社会责任,除了负责保障邻避设施的安全运营外,还应努力在构建良好的邻避项目外部运营环境上多下功夫,实现追求经济效益与社会效益的有效结合。各级政府的地位也要相对超脱,依法监管邻避类企业,实施合理的减税退费,保障此类企业的正常运营效率及取得必要的经济效益。

十三、依法规范环境非政府组织的发展,发挥其促进邻避项目落地过程中的"减震器"作用

非政府组织(NGO)一词最早见于联合国宪章,1952年联合国经济及社会理事会在其决议中把非政府组织(NGO)定位为"凡不是根据政府间协议建立的国际组织都可被看作非政府组织"。NGO是现代社会结构分化的产物,是一个社会政治制度与其他非政治制度不断趋向分离过程中衍生的社会自组织系统的重要组成部分。邻避问题是全世界实现现代化过程必须正视的棘手问题,随着民众对生活环境质量需求和自身权益保护意识的增强,推进新型城市化治理模式必然需要多元主体的共同参与治理。

多中心治理理论[1]、利益相关者理论[2]、社会冲突理论[3]、协商民主理论[4]为环境 NGO 参与邻避项目治理提供了理论依据。结合发达国家及地区的治理经验，有效的邻避冲突治理无法通过政府的单一手段来实现，需要充分发挥多元主体的积极作用，努力打通各主体间协作渠道，实现社会多主体的共同参与合作，建立社会多主体有序参与的决策模式和方式已成为解决邻避问题的必由之路，但各国的具体实现方式又是有很大差异的。但有一个大的趋势是可以确定的，就是努力保障第三方组织的参与合法性，这不仅有助于减轻邻避设施建设的压力，还可以及时反映周边村居民民意，有效缓解其他社会衍生危机的发生；并且，各主体积极参与邻避项目选址过程中，也对政府的具体行为进行了不同程度的监督，使双方能公平和平等对待，有效减少了邻避冲突风险的发生。

随着我国改革开放的深入推进和社会主义市场经济的建立与发展，整个社会越来越趋向多元化。我国环境 NGO 起步较

---

[1] 多中心治理理论要求治理主体应该是多元化的，每一个主体都相对独立却又彼此关联，在一定范围内共同承担公共事务治理的责任，其核心意义在于构建起"多元共治"新模式。

[2] 利益相关者理论的一种观点认为，将利益相关者分为核心利益相关者、边缘利益相关者和潜在利益相关者三类，各级利益主体之间明确各自的权力与职责，实现共同治理。

[3] 社会冲突理论为邻避冲突的研究提供了辩证思想，存在即合理，邻避冲突发生具有客观存在性，邻避问题作为城市发展中不可避免的一环，为城市发展带来负效应的同时也具有积极作用，辩证地看待邻避冲突，及时有效处理冲突危机，将社会冲突与矛盾转化为新一轮的城市发展动力，从而推进城市治理体系和治理能力现代化。

[4] 协商民主理论作为一种新型民主范式，拓宽了民众参与渠道，强调决策相关主体参与协商，通过公开、平等、理性的对话协商以达成各方利益诉求共识，从而提升政策的合法性及有效性。它体现了以下主要核心理念：参与性、协商性、平等性、合法性、责任和理性。

晚，但近年来的发展比较快。我国环境 NGO 的发展历程主要经历了三个阶段：1978 年中国环境科学学会成立，这是由政府部门发起成立的我国第一个环境 NGO 民间组织；20 世纪末，我国环境 NGO 步入迅速发展时期，但这一时期环境 NGO 并未介入到深层环境直接利益冲突之中；21 世纪以来，我国环境 NGO 不断发展壮大，有时会联合开展环境保护活动，对生态正义等问题有了进一步认识，并逐步介入到深层环境直接利益冲突之中。这些组织开展的环境意识的普及、教育、宣传，推动和促进环境保护领域的公众参与等活动，为我国环境保护事业作出了较大贡献。但是，我国环境 NGO 在发展过程中仍面临着诸多问题。我国环境 NGO 大部分为民众自发参与组织形成，参与环境保护的范围较窄，人力资源匮乏且缺乏规范知识训练，在面对专业性较强的邻避冲突事件时无法提供专业型解决方案，维权方式也普遍采用上访、媒体曝光的方式。另外，由于这些第三部门组织的非营利性，其经常面临财政资源缺乏的情况，这导致其在参与邻避冲突治理过程中会出现后劲乏力，易受外部势力控制的特点。同时，部分环境 NGO 因身份未受到官方认可，在邻避冲突治理中常常会受限，其独立性、合法性不强导致其参与邻避冲突治理受阻较多，且易陷入信任危机。依法规范我国环境 NGO 的发展，发挥其非营利性、公益性、民间性、自愿性等特征优势，提高其依法自主治理能力需要做到以下三点：

第一，提升环境 NGO 自身的专业能力。环境 NGO 内部工作人员应深入了解邻避问题专业知识，能以专业角度为民众指引方向，充分发挥信息员的作用；还要增强与政府间的互动能力，积极构建政府与其他社会主体间的沟通平台，促进政府协商决策的实现；还需加强与民众的沟通，引导公众通过理性方式进行合理诉求表达,避免公众因情绪失控造成邻避冲突状况恶化。

第二,重建环境 NGO 的信任体系。虽然,环境 NGO 的资金主要来源于政府补贴和企业资助,这可能导致其在进行维权过程中难免受到相关制约。因此,环境 NGO 应当积极做到账目公开,自觉接受社会监督;同时,税法应明确体现出对环境 NGO 的依法界定、对不同类型 NGO 税种的减免、减免幅度等规定;环境 NGO 还应重视在社会层面自身独立形象的塑造,积极开展社群沟通,在民众充分信任的前提下进行有效沟通,在规范化、程序化互动中实现维权。

第三,加强环境 NGO 组织的独立性、合规性。立法层面上应加快规范环境 NGO 的发展,根据《立法法》的相关规定,可以先研究出台规范其发展的行政法规,如制定《中华人民共和国 NGO 规范发展条例》,等到制定法律条件成熟时再上升为法律规范;或者先从政府层面确认其具有合法参与公共事务治理的能力,并在社会中加强宣传其身份的合法性与正当性,提高社会对环境 NGO 的认可度和辨识度。已依法成立的环境 NGO 更应该依法合规地开展相关活动,不得从事危害国家安全、侵害公民合法权益等违法犯罪活动。

十四、保障环境司法裁判机制有效介入,继续发挥我国特殊的信访调解功能和作用

环境民事纠纷是民事法律关系主体(包括从事民事活动的个人、单位和组织)之间因环境污染和生态破坏等环境危害行为,导致公私财产损失或人体及精神健康损害,以及因环境质量恶化和环境功能下降而引起的民事利益纷争。包括:其一,环境污染事故的处理及其涉及的经济赔偿、生态恢复等纠纷;其二,因环境污染和生态破坏引起的赔偿金额纠纷;其三,环

境污染侵权责任纠纷。[1]相较于传统的民事纠纷，环境民事纠纷牵涉范围广，具有间接性与复杂性。有纠纷必有救济，对于邻避型环境纠纷，公民所获的救济方式主要有两种：一种是环境案件的审判专门化，一种是环境民事纠纷的非诉调解。

近年来，环境案件审判的专门化在我国已经有了一些专业化的发展趋势，甚至在我国一些地区的法院还设立了专业的"环境法庭"，由其专司环境案件的审判工作。该项制度起源于20世纪80年代末、90年代初，经过发展现已成为全球环境司法改革的一种趋势。2007年，我国成立了第一个专门审理环境案件的审判机构——贵阳市中级人民法院环境保护审判庭，自此之后我国的专门环境法庭得以迅速发展。2014年7月3日，最高人民法院亦设立了环境资源审判庭，并出台了《关于审理环境侵权责任纠纷案件适用法律若干问题的解释》，用于指导我国环境纠纷的司法审判工作。另外，我国的环境公益诉讼制度亦取得了长足发展。一方面，环境NGO作为环境公益诉讼的原告地位得以进一步加强。各具特色的环保组织作为第三方组织，在应对政府失灵和市场失灵，积极协调各种利益矛盾冲突，满足公共环境权益保护方面具有巨大优势。在环境法治较完善的国家，环境NGO发挥着重要作用，如美国的环境公民诉讼制度，在很大程度上得益于环保组织对诉讼活动的专门推动。由中华环保联合会诉贵州省清镇市国土资源管理局收回"国有土地使用权出让合同案"，是我国第一起由环境NGO提起的环境行政公益诉讼案件。正如前面分析的，我国目前环境NGO的发展还存在诸多问题，但新修订的《环境保护法》已经明确环保组织在满足一定法定条件下，可以具有环境公益诉讼原告的主

---

[1] 王树义等：《环境法前沿问题研究》，科学出版社2012年版，第302页。

体资格，这也要求我国的环境 NGO 在依法开展自治及专业能力提升方面还需要不断进步，以不断满足社会发展的现实需要；另一方面，随着我国人民检察院体制改革的加快推进，各级检察院正在不断探索支持或提起新的环境公益诉讼，以追究违法行为人和失职公权力机关的民事与行政责任，加强对生态环境的保护。同时，从现有一些涉邻避纠纷案例的裁判实际情况来看，各级人民法院发挥自身能动司法功能介入邻避纠纷案件裁判的积极性依然不高，并且已有的判决更多是不予立案或者判决无直接利害关系方败诉，我国在运用环境司法裁判机制有效介入邻避纠纷案件裁判的工作还有很长的要走，也有很多这方面的司法裁判经验需要总结。

环境民事纠纷的非诉调解制度，其目的在于平衡私益的同时维护社会公共利益。该制度是环境民事纠纷双方在中间人的调解下，不经诉讼程序，在法律法规范围内进行协商，达成调解协议。我国目前的调解制度分为人民调解、行政调解、仲裁调解和司法调解。现阶段，我国环境民事纠纷非诉调解活动主要为信访调解。信访调解实质上是一种行政活动，但并非是必须实施的行政行为。近年来，为了充分发挥职能部门调解作用，我国一些基层政府及其所属行政机构、相关司法机构也在非诉调解制度中，将信访调解与人民调解结合起来，并进行了一定的创新探索，以发挥全社会"大调解"的积极作用。[1]信访是公民正常表达诉求的一种渠道，对于信访调解应当理性对待。其一，信访部门应当积极履行法定职责，不能推卸责任。对于其辖区范围内的环境纠纷，只要是行政相对人的合理诉求，信访部门便应当在法定职责范围内积极予以调解。公权力信访部

---

[1] 我国《人民调解法》是 2011 年 1 月 1 日施行的，一些条款已显得有些陈旧，急需新的立法予以修补和完善。

门工作人员应当具备一定的法律素养，能够为因环境纠纷而上访的公民提供一定的法律指导。其二，对于非辖区范围内的环境纠纷，应当引导公民向有权部门合理表达诉求。对于公民的非正常信访，信访部门工作人员应当予以释明，劝其息访，而非将矛盾转移到人民法院。我们曾在部分法院的诉讼服务中心进行过相关调研，很多现实中的环境利益纠纷未能及时得到妥善解决，主要原因之一在于信访部门草率应对和消极不作为，将矛盾转移到人民法院，造成了有限司法资源的部分浪费。其三，完善事件通报机制，及时将相关案件进行内部通报，对于无法通过信访调解解决的环境纠纷，应当引导公民寻求司法救济，依法保障公民的实体和程序性权利。

总体上，邻避型群体性事件的产生不是简单的治安事件，不能过度依赖和使用强制措施，否则会激化社会矛盾。由于环境类群体性事件自身的复杂性，仅仅使用一种调解手段显然难以奏效，因此需要根据具体事件的性质，多种调解手段并用，从而发挥最大的效果。同时，在进行司法调解时，需要充分发挥公益律师的作用，因为该类律师处于相对中立的地位，辅之法院共同进行调解，会增大调解成功的可能性。在邻避型群体性事件发生后，要将调解手段前置，特别是将其前置于强制措施，从而将可能产生的社会负面影响降到最低。

十五、规范新闻媒体对邻避冲突事件的传播报道，依法保障新闻媒体和网络新媒体的舆论监督权

传媒是当代中国不可忽视的社会力量，新闻媒体的舆论监督功能能弥补体制内监督的不足，是保障社会公正的特殊救济手段。法谚有云："正义不仅应当得到实现，并且要以人民看得见的方式实现。"这恰与新闻媒体进行舆论监督的目的不谋而

合。但在实践中,新闻媒体往往秉持更高层次的道德标准,常以"民意卫士"的形象出现,并存在对邻避型群体性事件进行"审判设定"的情况,并以此对社会舆论进行引导。公众对于邻避设施的抗拒不是天生的,很大程度上是源于对邻避设施的不了解,因而各种媒体充分发挥其信息的正面宣传作用具有极其重要的意义。特别是随着现代互联网技术的快速发展,社会步入自媒体时代,有效的信息宣传可提升公共理性,片面的信息传递则极易煽动公众,诱发情绪化暴力行为。

随着公民维权意识增强与网络信息化的发展,新闻媒体在公共事务治理中的监督作用越发重要。社会舆论可通过新闻媒体的发酵对政府产生强大的监督力量,有效使用舆论监督可帮助公民规范公共权力的行使,维护自身合法权益,还对促进法治社会的形成有重要现实意义。当下中国正处于诸多不确定的转型期,各种不稳定因素使社会环境异常纷繁复杂。而新闻媒体及其从业者更应在此时担任正确舆论引导的重任,秉持职业媒体从业者的职业操守,加强行业自律,依法发挥自身的特殊监督作用。就我国邻避冲突治理而言,各类传统媒体和新兴媒体应努力做到以下五点:

第一,各类媒体信息宣传的内容应客观真实。各类媒体在新闻报道过程中应坚持真实性、客观性原则,深入了解邻避冲突事件事实,不偏信偏听、以偏概全,依法依规展现客观真实,杜绝为谋取私利而误导舆论,引发邻避项目周边出现大规模的社会冲突对抗。

第二,各种网络媒介的管理员应及时删除不实信息,摒弃对眼球效应的过度追逐和对邻避事件的大肆渲染,应注重"纯粹视听",既要及时报道邻避项目推进中的相关情况,也要关注事件发生发展的环境条件和真实过程,关注受害群众的实际状况与切身利益维护。只有遵循严格的新闻职业道德,坚持新闻专业主义,才能实现促进邻避项目落地过程中的官民之间良性互动。

第三,处在自媒体时代,新媒体发展拓宽了舆情传播的物理边界,通过微博、微信、论坛等各种获取信息、发布信息渠道,公民传播者与接受者的身份合二为一。作为接受者,公民应注重辨别虚假邻避信息,不轻信网上心存恶意和带有攻击性的邻避信息;作为传播者,公民应做到谨言慎行,不恶意传播虚假信息和有害社会稳定的信息。

第四,信息公开有其特有的原则和逻辑,政府除了做到对网络舆情的依法监管外,更应当以新闻媒体报道为契机,主动加大相关邻避项目信息的公开力度,主动发布权威可靠信息。只有让社会公众清楚了解邻避项目建设和运行的事实,才能提高民众和环境 NGO 对政府处理结果的认可度与接受度,真正提升各级政府的公信力和邻避冲突治理能力。

第五,除了新闻媒体通过自律来加强自身新闻伦理建设之外,制度的保障也是不可或缺的。社会利益主体的差异决定了社会整体道德水平的高低,仅靠新闻媒体自律来解决新闻伦理失范问题显然是不现实的。就目前而言,我国并没有一部专门的《新闻法》去规范新闻工作者的各项工作,虽然目前新闻行业已具备相关操作规范或行业从业管理等制度规范,但从整体上来说该行业仍缺少统一性的规范约束。因此,不断健全完善我国的新闻法律法规体系,既能依法有效规范各类新闻媒体对邻避事件的报道行为,又能依法发挥新闻媒体和网络媒体对涉邻避问题的舆论监督作用,实现新闻秩序与媒体权利之间的规制平衡仍是未来急需破解的现实问题。

概言之,我国推进环境邻避运动治理的法治路径探索不可能是一蹴而就的,在此领域的新老研究还需要长时间的积累和再提升。在研究方法上,则还需在实证化研究、类型化分析上多投入精力,如此进行更深入的研究分析,才能有效保障对邻避冲突治理相关法律问题的研究产出更多高质量的科研成果,真正能破解我国邻避法治理论和实践中的现实难题,不断生成和科学建构系统化、科学化、规范化、程序化、均衡化的,有中国特色制度优势的环境邻避冲突治理法治新模式。

参考文献

1. 张翔:《基本权利的规范建构》(增订版),法律出版社 2017 年版。
2. 王佃利等:《邻避困境:城市治理的挑战与转型》,北京大学出版社 2017 年版。
3. 周丽旋等编著:《邻避型环保设施环境友好共建机制研究——以生活垃圾焚烧设施为例》,化学工业出版社 2016 年版。
4. 陈秀梅:《冲突与治理:群体性事件的治理与利益表达机制的有效性研究》,中国社会科学出版社 2015 年版。
5. 《环保公众参与的实践与探索》编写组编著:《环保公众参与的实践与探索》,中国环境出版社 2015 年版。
6. 杭正芳:《邻避设施区位选择与社会影响的理论与实践》,西北大学出版社 2014 年版。
7. 范铁中:《社会转型期群体性事件的预防与处置机制研究》,上海大学出版社 2014 年版。
8. 庞素琳等:《城市生活垃圾处理与社会风险评估研究》,科学出版社 2014 年版。
9. 戚建刚、易君:《群体性事件治理中公众有序参与的行政法制度研究》,华中科技大学出版 2014 年版。
10. 戚建刚:《我国群体性事件应急机制的法律问题研究》,法律出版社 2014 年版。
11. 方芗:《中国核电风险的社会建构:21 世纪以来公众对核电事务的参与》,社会科学文献出版社 2014 年版。

12. 任景明：《从头越：国家环境保护管理体制顶层设计探索》，中国环境出版社 2013 年版。
13. 崔浩等：《环境保护公众参与研究》，光明日报出版社 2013 年版。
14. 胡象明等：《大型工程的社会稳定风险管理》，新华出版社 2013 年版。
15. 江国华编著：《中国行政法（总论）》，武汉大学出版社 2012 年版。
16. 舒国滢主编：《法理学导论》，北京大学出版社 2012 年版。
17. 王树义等：《环境法前沿问题研究》，科学出版社 2012 年版。
18. 陈海秋：《转型期中国城市环境治理模式研究》，华龄出版社 2012 年版。
19. 李瑶：《突发环境事件应急处置法律问题研究》，知识产权出版社 2012 年版。
20. 韩从容：《突发环境事件应对立法研究》，法律出版社 2012 年版。
21. 雷润琴：《信息博弈——公民·媒体·政府》，清华大学出版社 2011 年版。
22. 周珂主编：《环境与资源保护法》，中国人民大学出版社 2010 年版。
23. 刘伯高：《政府公共舆论管理》，中国传媒大学出版社 2008 年版。
24. 王锡锌主编：《公众参与和中国新公共运动的兴起》，中国法制出版社 2008 年版。
25. 王锡锌主编：《行政过程中公众参与的制度实践》，中国法制出版社 2008 年版
26. 吴卫星：《环境权研究：公法学的视角》，法律出版社 2007 年版。
27. 刘爱军：《生态文明与环境立法》，山东人民出版社 2007 年版。
28. 汪劲：《中外环境影响评价制度比较研究：环境开发与决策的正当法律程序》，北京大学出版社 2006 年版。
29. 丘昌泰等：《解析邻避情结与政治》，翰芦图书出版有限公司 2006 年版。
30. 王名扬：《美国行政法》，中国法律出版社 2007 年版。
31. ［美］约翰·罗尔斯：《正义论》，何怀宏等译，中国社会科学出版社 2001 年版
32. ［印］阿马蒂亚·森：《正义的理念》，王磊、李航译，中国人民大学出版社 2012 年版。
33. ［英］约翰·基恩：《媒体与民主》，邺继红、刘士军译，社会科学文

献出版社 2003 年版。

34. ［美］伯尔曼：《法律与宗教》，梁治平译，生活·读书·新知三联书店 1991 年版。

35. 康伟、杜蕾："邻避冲突中的利益相关者演化博弈分析——以污染类邻避设施为例"，载《运筹与管理》2018 年第 3 期。

36. 张勇杰："邻避冲突中环保 NGO 参与作用的效果及其限度——基于国内十个典型案例的考察"，载《中国行政管理》2018 年第 1 期。

37. 王佃利、王铮："城市治理中邻避问题的公共价值失灵"，载《社会科学文摘》2018 年第 8 期。

38. 葛晓龙、刘姣："中国的邻避困境及其治理路径研究"，载《经贸实践》2018 年第 12 期。

39. 杨磊等："空间正义视角下的邻避冲突与邻避设施供给要件探析——以武汉某临终关怀医院抗争事件为例"，载《华中科技大学学报（社会科学版）》2018 年第 1 期。

40. 邵任薇等："化解邻避效应的补偿机制研究——杭州市天子岭静脉小镇的启示"，载《上海城市管理》2018 年第 6 期。

41. 李巍："协商民主视阈下邻避冲突的行政法规制"，载《西部法学评论》2017 年第 3 期。

42. 张瑾："邻避冲突的国家治理"，载《江苏行政学院学报》2017 年第 2 期。

43. 王惠、于家富："横加公司诉美国政府案对我国应对环境邻避冲突的法律启示"，载《环境保护》2017 年第 6 期。

44. 任峰、张婧飞："邻避型环境群体性事件的成因及其治理"，载《河北法学》2017 年第 8 期。

45. 张国磊："府际博弈、草根动员与反邻避效应——基于国内高铁争夺战分析"，载《北京社会科学》2017 年第 7 期。

46. 陈昌荣、周林意："环境群体性事件中邻避事件：研究述评及展望"，载《常州大学学报（社会科学版）》2017 年第 4 期。

47. 张文龙："中国式邻避困局的解决之道：基于法律供给侧视角"，载《法律科学（西北政法大学学报）》2017 年第 2 期。

207

48. 刘久："由涉核项目引发的邻避现象的法律研究"，载《法学杂志》2017 年第 6 期。
49. 张瑾："邻避冲突的国家治理"，载《江苏行政学院学报》2017 年第 2 期。
50. 王佃利等："从'邻避管控'到'邻避治理'：中国邻避问题治理路径转型"，载《中国行政管理》2017 年第 5 期。
51. 鄢德奎、陈德敏："邻避运动的生成原因及治理范式重构——基于重庆市邻避运动的实证分析"，载《城市问题》2016 年第 2 期。
52. 沈琼璐、杨蓓蕾："上海环境邻避冲突治理探究"，载《中国国情国力》2016 年第 2 期。
53. 邵庆龙、饶蕾："台湾治理邻避冲突的经验"，载《南海学刊》2015 年第 4 期。
54. 陈越峰："城市空间利益的正当分配——从规划行政许可侵犯相邻权益案切入"，载《法学研究》2015 年第 1 期。
55. 刘海龙："环境正义视域中的邻避及其治理之道"，载《广西师范大学学报（哲学社会科学版）》2015 年第 6 期。
56. 刘泽照、朱正威："掣肘与矫正：中国社会稳定风险评估制度十年发展省思"，载《政治学研究》2015 年第 4 期。
57. 夏志强、罗书青："我国邻避研究"，载《探索》2015 年第 3 期。
58. 韩宏伟："超越塔西佗陷阱：政府公信力的困境与救赎"，载《湖北社会科学》2015 年第 7 期。
59. 杨芳："邻避运动治理：台湾地区的经验和启示"，载《广州大学学报（社会科学版）》2015 年第 8 期。
60. 谭成华、郝宏桂："邻避运动中我国环保民间组织与政府的互动"，载《人民论坛》2014 年第 11 期。
61. 崔晶、孙伟："区域大气污染协同治理视角下的府际事权划分问题研究"，载《中国行政管理》2014 年第 9 期。
62. 尹素琴："邻避冲突的地方政府决策诱因探析"，载《新疆财经大学学报》2014 年第 3 期。
63. 侯璐璐、刘云刚："公共设施选址的邻避效应及其公众参与模式研究——以广州市番禺区垃圾焚烧厂选址事件为例",载《城市规划学刊》2014年第5期。

64. 杜建勋:"邻避运动中的法权配置与风险治理研究",载《法制与社会发展》2014年第4期。

65. 杨立华、张腾:"非政府组织在环境危机治理中的作用、类型及机制—一个多案例的比较研究",载《复旦公共行政评论》2014年第1期。

66. 邓君韬:"'邻避运动'视野下PX项目事件审视",载《湖南社会科学》2013年第5期。

67. 董幼鸿:"邻避冲突理论及其对邻避型群体性事件治理的启示",载《上海行政学院学报》2013年第2期。

68. 邓君韬、张荣荣:"民意表达机制与街头政治模式探析——兼论厦门、成都两市PX项目政府处理策略",载《消费导刊》2011年第12期。

69. 娄胜华、姜姗姗:"邻避运动在澳门的兴起及其治理——以美沙酮服务站选址争议为个案",载《中国行政管理》2012第4期。

70. 李晨:"国内外对二甲苯发展现状及趋势分析",载《中国石油和化工经济分析》2011年第10期。

71. 汤汇浩:"邻避效应:公益性项目的补偿机制与公民参与",载《中国行政管理学术论坛》2011年第7期。

72. 董幼鸿:"重大事项社会稳定风险评估制度的实践与完善",载《中国行政管理》2011年第12期。

73. 陶鹏、童星:"邻避型群体性事件及其治理",载《南京社会科学》2010年第8期。

74. 管在高:"邻避型群体性事件产生的原因及预防对策",载《管理学刊》2010年第6期。

75. 王郅强:"从零和博弈到正和博弈——转型期群体性事件治理的理念变革",载《吉林大学社会科学学报》2010年第6期。

76. 于建嵘:"从刚性稳定到韧性稳定——关于中国社会秩序的一个分析框架",载《学习与探索》2009年第5期。

77. 国务院发展研究中心资源与环境政策研究所"按生态文明要求推进新型城镇化建设的重要问题研究"课题组:"城镇化过程中邻避事件的

特征、影响及对策——基于对全国 96 件典型邻避事件的分析",载《调查研究报告(专刊)》2016 年第 42 期。
78. 范婧楠:"我国城市生活垃圾分类管理的法律制度研究",甘肃政法学院 2018 年硕士学位论文。
79. 杨锐:"环境法视域下我国邻避冲突治理机制研究",山东师范大学 2018 年硕士学位论文。
80. 罗睿:"地方政府邻避冲突的治理困境及对策探究",湖南大学 2018 年硕士学位论文。
81. 孙丽明:"邻避冲突中的政治机会结构分析——以厦门 PX 事件为例",山东大学 2017 年硕士学位论文。
82. 黄馨瑶:"破解邻避困境的法律机制研究",广东外语外贸大学 2017 年硕士学位论文。
83. 胡逸文:"我国公务员权益保障与救济制度的研究",复旦大学 2009 年硕士学位论文。
84. Kraft, M. E. & Clary, B. B., "Citizen participation and the NIMBY Syndrome: Public Response to Radioactive Waste Disposal", *The Western Political Quarterly* 1991 (3).

附 录

中华人民共和国突发事件应对法

(2007年8月30日第十届全国人民代表大会
常务委员会第二十九次会议通过)[1]

第一章 总 则

第一条 为了预防和减少突发事件的发生,控制、减轻和消除突发事件引起的严重社会危害,规范突发事件应对活动,保护人民生命财产安全,维护国家安全、公共安全、环境安全和社会秩序,制定本法。

第二条 突发事件的预防与应急准备、监测与预警、应急

---

[1] 我国已经启动对该法的修改工作,因目前修法工作专班只召开了第一次全体会议,所以此处仍为2007年8月由十届全国人大常委会第二十九次会议通过的法律版本。如果对民间推动的《中华人民共和国突发事件应对法》修改建议稿感兴趣,请参阅西南政法大学王学辉教授研究团队已拟出的专家建议稿。参见"中国启动突发事件应对法修改工作",载 http://www.chinanews.com/gn/2020/04~24/9167063.shtml,最后访问时间:2020年5月16日。

处置与救援、事后恢复与重建等应对活动，适用本法。

第三条 本法所称突发事件，是指突然发生，造成或者可能造成严重社会危害，需要采取应急处置措施予以应对的自然灾害、事故灾难、公共卫生事件和社会安全事件。

按照社会危害程度、影响范围等因素，自然灾害、事故灾难、公共卫生事件分为特别重大、重大、较大和一般四级。法律、行政法规或者国务院另有规定的，从其规定。

突发事件的分级标准由国务院或者国务院确定的部门制定。

第四条 国家建立统一领导、综合协调、分类管理、分级负责、属地管理为主的应急管理体制。

第五条 突发事件应对工作实行预防为主、预防与应急相结合的原则。国家建立重大突发事件风险评估体系，对可能发生的突发事件进行综合性评估，减少重大突发事件的发生，最大限度地减轻重大突发事件的影响。

第六条 国家建立有效的社会动员机制，增强全民的公共安全和防范风险的意识，提高全社会的避险救助能力。

第七条 县级人民政府对本行政区域内突发事件的应对工作负责；涉及两个以上行政区域的，由有关行政区域共同的上一级人民政府负责，或者由各有关行政区域的上一级人民政府共同负责。

突发事件发生后，发生地县级人民政府应当立即采取措施控制事态发展，组织开展应急救援和处置工作，并立即向上一级人民政府报告，必要时可以越级上报。

突发事件发生地县级人民政府不能消除或者不能有效控制突发事件引起的严重社会危害的，应当及时向上级人民政府报告。上级人民政府应当及时采取措施，统一领导应急处置工作。

法律、行政法规规定由国务院有关部门对突发事件的应对工作负责的，从其规定；地方人民政府应当积极配合并提供必要的支持。

第八条 国务院在总理领导下研究、决定和部署特别重大突发事件的应对工作；根据实际需要，设立国家突发事件应急指挥机构，负责突发事件应对工作；必要时，国务院可以派出工作组指导有关工作。

县级以上地方各级人民政府设立由本级人民政府主要负责人、相关部门负责人、驻当地中国人民解放军和中国人民武装警察部队有关负责人组成的突发事件应急指挥机构，统一领导、协调本级人民政府各有关部门和下级人民政府开展突发事件应对工作；根据实际需要，设立相关类别突发事件应急指挥机构，组织、协调、指挥突发事件应对工作。

上级人民政府主管部门应当在各自职责范围内，指导、协助下级人民政府及其相应部门做好有关突发事件的应对工作。

第九条 国务院和县级以上地方各级人民政府是突发事件应对工作的行政领导机关，其办事机构及具体职责由国务院规定。

第十条 有关人民政府及其部门作出的应对突发事件的决定、命令，应当及时公布。

第十一条 有关人民政府及其部门采取的应对突发事件的措施，应当与突发事件可能造成的社会危害的性质、程度和范围相适应；有多种措施可供选择的，应当选择有利于最大程度地保护公民、法人和其他组织权益的措施。

公民、法人和其他组织有义务参与突发事件应对工作。

第十二条 有关人民政府及其部门为应对突发事件，可以征用单位和个人的财产。被征用的财产在使用完毕或者突发事件应急处置工作结束后，应当及时返还。财产被征用或者征用后毁损、灭失的,应当给予补偿。

第十三条 因采取突发事件应对措施,诉讼、行政复议、仲裁活动不能正常进行的,适用有关时效中止和程序中止的规定,但法律另有规定的除外。

第十四条 中国人民解放军、中国人民武装警察部队和民兵组织依照本法和其他有关法律、行政法规、军事法规的规定以及国务院、中央军事委员会的命令,参加突发事件的应急救援和处置工作。

第十五条 中华人民共和国政府在突发事件的预防、监测与预警、应急处置与救援、事后恢复与重建等方面,同外国政府和有关国际组织开展合作与交流。

第十六条 县级以上人民政府作出应对突发事件的决定、命令,应当报本级人民代表大会常务委员会备案;突发事件应急处置工作结束后,应当向本级人民代表大会常务委员会作出专项工作报告。

第二章 预防与应急准备

第十七条 国家建立健全突发事件应急预案体系。

国务院制定国家突发事件总体应急预案,组织制定国家突发事件专项应急预案;国务院有关部门根据各自的职责和国务院相关应急预案,制定国家突发事件部门应急预案。

地方各级人民政府和县级以上地方各级人民政府有关部门根据有关法律、法规、规章、上级人民政府及其有关部门的应急预案以及本地区的实际情况,制定相应的突发事件应急预案。

应急预案制定机关应当根据实际需要和情势变化,适时修订应急预案。应急预案的制定、修订程序由国务院规定。

第十八条　应急预案应当根据本法和其他有关法律、法规的规定，针对突发事件的性质、特点和可能造成的社会危害，具体规定突发事件应急管理工作的组织指挥体系与职责和突发事件的预防与预警机制、处置程序、应急保障措施以及事后恢复与重建措施等内容。

第十九条　城乡规划应当符合预防、处置突发事件的需要，统筹安排应对突发事件所必需的设备和基础设施建设，合理确定应急避难场所。

第二十条　县级人民政府应当对本行政区域内容易引发自然灾害、事故灾难和公共卫生事件的危险源、危险区域进行调查、登记、风险评估，定期进行检查、监控，并责令有关单位采取安全防范措施。

省级和设区的市级人民政府应当对本行政区域内容易引发特别重大、重大突发事件的危险源、危险区域进行调查、登记、风险评估，组织进行检查、监控，并责令有关单位采取安全防范措施。

县级以上地方各级人民政府按照本法规定登记的危险源、危险区域，应当按照国家规定及时向社会公布。

第二十一条　县级人民政府及其有关部门、乡级人民政府、街道办事处、居民委员会、村民委员会应当及时调解处理可能引发社会安全事件的矛盾纠纷。

第二十二条　所有单位应当建立健全安全管理制度，定期检查本单位各项安全防范措施的落实情况，及时消除事故隐患；掌握并及时处理本单位存在的可能引发社会安全事件的问题，防止矛盾激化和事态扩大；对本单位可能发生的突发事件和采取安全防范措施的情况，应当按照规定及时向所在地人民政府或者人民政府有关部门报告。

第二十三条 矿山、建筑施工单位和易燃易爆物品、危险化学品、放射性物品等危险物品的生产、经营、储运、使用单位，应当制定具体应急预案，并对生产经营场所、有危险物品的建筑物、构筑物及周边环境开展隐患排查，及时采取措施消除隐患，防止发生突发事件。

第二十四条 公共交通工具、公共场所和其他人员密集场所的经营单位或者管理单位应当制定具体应急预案，为交通工具和有关场所配备报警装置和必要的应急救援设备、设施，注明其使用方法，并显著标明安全撤离的通道、路线，保证安全通道、出口的畅通。

有关单位应当定期检测、维护其报警装置和应急救援设备、设施，使其处于良好状态，确保正常使用。

第二十五条 县级以上人民政府应当建立健全突发事件应急管理培训制度，对人民政府及其有关部门负有处置突发事件职责的工作人员定期进行培训。

第二十六条 县级以上人民政府应当整合应急资源，建立或者确定综合性应急救援队伍。人民政府有关部门可以根据实际需要设立专业应急救援队伍。

县级以上人民政府及其有关部门可以建立由成年志愿者组成的应急救援队伍。单位应当建立由本单位职工组成的专职或者兼职应急救援队伍。

县级以上人民政府应当加强专业应急救援队伍与非专业应急救援队伍的合作，联合培训、联合演练，提高合成应急、协同应急的能力。

第二十七条 国务院有关部门、县级以上地方各级人民政府及其有关部门、有关单位应当为专业应急救援人员购买人身意外伤害保险，配备必要的防护装备和器材，减少应急救援人员的人身风险。

第二十八条 中国人民解放军、中国人民武装警察部队和民兵组织应当有计划地组织开展应急救援的专门训练。

第二十九条 县级人民政府及其有关部门、乡级人民政府、街道办事处应当组织开展应急知识的宣传普及活动和必要的应急演练。

居民委员会、村民委员会、企业事业单位应当根据所在地人民政府的要求，结合各自的实际情况，开展有关突发事件应急知识的宣传普及活动和必要的应急演练。

新闻媒体应当无偿开展突发事件预防与应急、自救与互救知识的公益宣传。

第三十条 各级各类学校应当把应急知识教育纳入教学内容，对学生进行应急知识教育，培养学生的安全意识和自救与互救能力。

教育主管部门应当对学校开展应急知识教育进行指导和监督。

第三十一条 国务院和县级以上地方各级人民政府应当采取财政措施，保障突发事件应对工作所需经费。

第三十二条 国家建立健全应急物资储备保障制度，完善重要应急物资的监管、生产、储备、调拨和紧急配送体系。

设区的市级以上人民政府和突发事件易发、多发地区的县级人民政府应当建立应急救援物资、生活必需品和应急处置装备的储备制度。

县级以上地方各级人民政府应当根据本地区的实际情况，与有关企业签订协议，保障应急救援物资、生活必需品和应急处置装备的生产、供给。

第三十三条 国家建立健全应急通信保障体系，完善公用通信网,建立有线与无线相结合、基础电信网络与机动通信系统相配套的应急通信系统,确保突发事件应对工作的通信畅通。

第三十四条 国家鼓励公民、法人和其他组织为人民政府应对突发事件工作提供物资、资金、技术支持和捐赠。

第三十五条 国家发展保险事业,建立国家财政支持的巨灾风险保险体系,并鼓励单位和公民参加保险。

第三十六条 国家鼓励、扶持具备相应条件的教学科研机构培养应急管理专门人才,鼓励、扶持教学科研机构和有关企业研究开发用于突发事件预防、监测、预警、应急处置与救援的新技术、新设备和新工具。

第三章　监测与预警

第三十七条 国务院建立全国统一的突发事件信息系统。

县级以上地方各级人民政府应当建立或者确定本地区统一的突发事件信息系统,汇集、储存、分析、传输有关突发事件的信息,并与上级人民政府及其有关部门、下级人民政府及其有关部门、专业机构和监测网点的突发事件信息系统实现互联互通,加强跨部门、跨地区的信息交流与情报合作。

第三十八条 县级以上人民政府及其有关部门、专业机构应当通过多种途径收集突发事件信息。

县级人民政府应当在居民委员会、村民委员会和有关单位建立专职或者兼职信息报告员制度。

获悉突发事件信息的公民、法人或者其他组织,应当立即向所在地人民政府、有关主管部门或者指定的专业机构报告。

第三十九条 地方各级人民政府应当按照国家有关规定向上级人民政府报送突发事件信息。县级以上人民政府有关主管部门应当向本级人民政府相关部门通报突发事件信息。专业机构、监测网点和信息报告员应当及时向所在地人民政府及其有关主管部门报告突发事件信息。

有关单位和人员报送、报告突发事件信息，应当做到及时、客观、真实，不得迟报、谎报、瞒报、漏报。

第四十条　县级以上地方各级人民政府应当及时汇总分析突发事件隐患和预警信息，必要时组织相关部门、专业技术人员、专家学者进行会商，对发生突发事件的可能性及其可能造成的影响进行评估；认为可能发生重大或者特别重大突发事件的，应当立即向上级人民政府报告，并向上级人民政府有关部门、当地驻军和可能受到危害的毗邻或者相关地区的人民政府通报。

第四十一条　国家建立健全突发事件监测制度。

县级以上人民政府及其有关部门应当根据自然灾害、事故灾难和公共卫生事件的种类和特点，建立健全基础信息数据库，完善监测网络，划分监测区域，确定监测点，明确监测项目，提供必要的设备、设施，配备专职或者兼职人员，对可能发生的突发事件进行监测。

第四十二条　国家建立健全突发事件预警制度。

可以预警的自然灾害、事故灾难和公共卫生事件的预警级别，按照突发事件发生的紧急程度、发展势态和可能造成的危害程度分为一级、二级、三级和四级，分别用红色、橙色、黄色和蓝色标示，一级为最高级别。

预警级别的划分标准由国务院或者国务院确定的部门制定。

第四十三条　可以预警的自然灾害、事故灾难或者公共卫生事件即将发生或者发生的可能性增大时，县级以上地方各级人民政府应当根据有关法律、行政法规和国务院规定的权限和程序，发布相应级别的警报，决定并宣布有关地区进入预警期，同时向上一级人民政府报告，必要时可以越级上报，并向当地驻军和可能受到危害的毗邻或者相关地区的人民政府通报。

第四十四条　发布三级、四级警报，宣布进入预警期后，县级以上地方各级人民政府应当根据即将发生的突发事件的特点和可能造成的危害，采取下列措施：

（一）启动应急预案；

（二）责令有关部门、专业机构、监测网点和负有特定职责的人员及时收集、报告有关信息，向社会公布反映突发事件信息的渠道，加强对突发事件发生、发展情况的监测、预报和预警工作；

（三）组织有关部门和机构、专业技术人员、有关专家学者，随时对突发事件信息进行分析评估，预测发生突发事件可能性的大小、影响范围和强度以及可能发生的突发事件的级别；

（四）定时向社会发布与公众有关的突发事件预测信息和分析评估结果，并对相关信息的报道工作进行管理；

（五）及时按照有关规定向社会发布可能受到突发事件危害的警告，宣传避免、减轻危害的常识，公布咨询电话。

第四十五条　发布一级、二级警报，宣布进入预警期后，县级以上地方各级人民政府除采取本法第四十四条规定的措施外，还应当针对即将发生的突发事件的特点和可能造成的危害，采取下列一项或者多项措施：

（一）责令应急救援队伍、负有特定职责的人员进入待命状态，并动员后备人员做好参加应急救援和处置工作的准备；

（二）调集应急救援所需物资、设备、工具，准备应急设施和避难场所，并确保其处于良好状态、随时可以投入正常使用；

（三）加强对重点单位、重要部位和重要基础设施的安全保卫，维护社会治安秩序；

（四）采取必要措施，确保交通、通信、供水、排水、供电、供气、供热等公共设施的安全和正常运行；

（五）及时向社会发布有关采取特定措施避免或者减轻危害的建议、劝告；

（六）转移、疏散或者撤离易受突发事件危害的人员并予以妥善安置，转移重要财产；

（七）关闭或者限制使用易受突发事件危害的场所，控制或者限制容易导致危害扩大的公共场所的活动；

（八）法律、法规、规章规定的其他必要的防范性、保护性措施。

第四十六条　对即将发生或者已经发生的社会安全事件，县级以上地方各级人民政府及其有关主管部门应当按照规定向上一级人民政府及其有关主管部门报告，必要时可以越级上报。

第四十七条　发布突发事件警报的人民政府应当根据事态的发展，按照有关规定适时调整预警级别并重新发布。

有事实证明不可能发生突发事件或者危险已经解除的，发布警报的人民政府应当立即宣布解除警报，终止预警期，并解除已经采取的有关措施。

第四章　应急处置与救援

第四十八条　突发事件发生后，履行统一领导职责或者组织处置突发事件的人民政府应当针对其性质、特点和危害程度，立即组织有关部门，调动应急救援队伍和社会力量，依照本章的规定和有关法律、法规、规章的规定采取应急处置措施。

第四十九条　自然灾害、事故灾难或者公共卫生事件发生后，履行统一领导职责的人民政府可以采取下列一项或者多项应急处置措施：

（一）组织营救和救治受害人员，疏散、撤离并妥善安置受到威胁的人员以及采取其他救助措施；

（二）迅速控制危险源，标明危险区域，封锁危险场所，划定警戒区，实行交通管制以及其他控制措施；

（三）立即抢修被损坏的交通、通信、供水、排水、供电、供气、供热等公共设施，向受到危害的人员提供避难场所和生活必需品，实施医疗救护和卫生防疫以及其他保障措施；

（四）禁止或者限制使用有关设备、设施，关闭或者限制使用有关场所，中止人员密集的活动或者可能导致危害扩大的生产经营活动以及采取其他保护措施；

（五）启用本级人民政府设置的财政预备费和储备的应急救援物资，必要时调用其他急需物资、设备、设施、工具；

（六）组织公民参加应急救援和处置工作，要求具有特定专长的人员提供服务；

（七）保障食品、饮用水、燃料等基本生活必需品的供应；

（八）依法从严惩处囤积居奇、哄抬物价、制假售假等扰乱市场秩序的行为，稳定市场价格，维护市场秩序；

（九）依法从严惩处哄抢财物、干扰破坏应急处置工作等扰乱社会秩序的行为，维护社会治安；

（十）采取防止发生次生、衍生事件的必要措施。

第五十条 社会安全事件发生后，组织处置工作的人民政府应当立即组织有关部门并由公安机关针对事件的性质和特点，依照有关法律、行政法规和国家其他有关规定，采取下列一项或者多项应急处置措施：

（一）强制隔离使用器械相互对抗或者以暴力行为参与冲突

的当事人，妥善解决现场纠纷和争端，控制事态发展；

（二）对特定区域内的建筑物、交通工具、设备、设施以及燃料、燃气、电力、水的供应进行控制；

（三）封锁有关场所、道路，查验现场人员的身份证件，限制有关公共场所内的活动；

（四）加强对易受冲击的核心机关和单位的警卫，在国家机关、军事机关、国家通讯社、广播电台、电视台、外国驻华使领馆等单位附近设置临时警戒线；

（五）法律、行政法规和国务院规定的其他必要措施。

严重危害社会治安秩序的事件发生时，公安机关应当立即依法出动警力，根据现场情况依法采取相应的强制性措施，尽快使社会秩序恢复正常。

第五十一条　发生突发事件，严重影响国民经济正常运行时，国务院或者国务院授权的有关主管部门可以采取保障、控制等必要的应急措施，保障人民群众的基本生活需要，最大限度地减轻突发事件的影响。

第五十二条　履行统一领导职责或者组织处置突发事件的人民政府，必要时可以向单位和个人征用应急救援所需设备、设施、场地、交通工具和其他物资，请求其他地方人民政府提供人力、物力、财力或者技术支援，要求生产、供应生活必需品和应急救援物资的企业组织生产、保证供给，要求提供医疗、交通等公共服务的组织提供相应的服务。

履行统一领导职责或者组织处置突发事件的人民政府，应当组织协调运输经营单位，优先运送处置突发事件所需物资、设备、工具、应急救援人员和受到突发事件危害的人员。

第五十三条　履行统一领导职责或者组织处置突发事件的人民政府，应当按照有关规定统一、准确、及时发布有关突发事件事态发展和应急处置工作的信息。

第五十四条 任何单位和个人不得编造、传播有关突发事件事态发展或者应急处置工作的虚假信息。

第五十五条 突发事件发生地的居民委员会、村民委员会和其他组织应当按照当地人民政府的决定、命令，进行宣传动员，组织群众开展自救和互救，协助维护社会秩序。

第五十六条 受到自然灾害危害或者发生事故灾难、公共卫生事件的单位，应当立即组织本单位应急救援队伍和工作人员营救受害人员，疏散、撤离、安置受到威胁的人员，控制危险源，标明危险区域，封锁危险场所，并采取其他防止危害扩大的必要措施，同时向所在地县级人民政府报告；对因本单位的问题引发的或者主体是本单位人员的社会安全事件，有关单位应当按照规定上报情况，并迅速派出负责人赶赴现场开展劝解、疏导工作。

突发事件发生地的其他单位应当服从人民政府发布的决定、命令，配合人民政府采取的应急处置措施，做好本单位的应急救援工作，并积极组织人员参加所在地的应急救援和处置工作。

第五十七条 突发事件发生地的公民应当服从人民政府、居民委员会、村民委员会或者所属单位的指挥和安排，配合人民政府采取的应急处置措施，积极参加应急救援工作，协助维护社会秩序。

第五章　事后恢复与重建

第五十八条 突发事件的威胁和危害得到控制或者消除后，履行统一领导职责或者组织处置突发事件的人民政府应当停止执行依照本法规定采取的应急处置措施，同时采取或者继续实施必要措施，防止发生自然灾害、事故灾难、公共卫生事件的次生、衍生事件或者重新引发社会安全事件。

第五十九条 突发事件应急处置工作结束后，履行统一领导职责的人民政府应当立即组织对突发事件造成的损失进行评估，组织受影响地区尽快恢复生产、生活、工作和社会秩序，制定恢复重建计划，并向上一级人民政府报告。

受突发事件影响地区的人民政府应当及时组织和协调公安、交通、铁路、民航、邮电、建设等有关部门恢复社会治安秩序，尽快修复被损坏的交通、通信、供水、排水、供电、供气、供热等公共设施。

第六十条 受突发事件影响地区的人民政府开展恢复重建工作需要上一级人民政府支持的，可以向上一级人民政府提出请求。上一级人民政府应当根据受影响地区遭受的损失和实际情况，提供资金、物资支持和技术指导，组织其他地区提供资金、物资和人力支援。

第六十一条 国务院根据受突发事件影响地区遭受损失的情况，制定扶持该地区有关行业发展的优惠政策。

受突发事件影响地区的人民政府应当根据本地区遭受损失的情况，制定救助、补偿、抚慰、抚恤、安置等善后工作计划并组织实施，妥善解决因处置突发事件引发的矛盾和纠纷。

公民参加应急救援工作或者协助维护社会秩序期间，其在本单位的工资待遇和福利不变；表现突出、成绩显著的，由县级以上人民政府给予表彰或者奖励。

县级以上人民政府对在应急救援工作中伤亡的人员依法给予抚恤。

第六十二条 履行统一领导职责的人民政府应当及时查明突发事件的发生经过和原因，总结突发事件应急处置工作的经验教训，制定改进措施，并向上一级人民政府提出报告。

第六章　法律责任

第六十三条　地方各级人民政府和县级以上各级人民政府有关部门违反本法规定，不履行法定职责的，由其上级行政机关或者监察机关责令改正；有下列情形之一的，根据情节对直接负责的主管人员和其他直接责任人员依法给予处分：

（一）未按规定采取预防措施，导致发生突发事件，或者未采取必要的防范措施，导致发生次生、衍生事件的；

（二）迟报、谎报、瞒报、漏报有关突发事件的信息，或者通报、报送、公布虚假信息，造成后果的；

（三）未按规定及时发布突发事件警报、采取预警期的措施，导致损害发生的；

（四）未按规定及时采取措施处置突发事件或者处置不当，造成后果的；

（五）不服从上级人民政府对突发事件应急处置工作的统一领导、指挥和协调的；

（六）未及时组织开展生产自救、恢复重建等善后工作的；

（七）截留、挪用、私分或者变相私分应急救援资金、物资的；

（八）不及时归还征用的单位和个人的财产，或者对被征用财产的单位和个人不按规定给予补偿的。

第六十四条　有关单位有下列情形之一的，由所在地履行统一领导职责的人民政府责令停产停业，暂扣或者吊销许可证或者营业执照，并处五万元以上二十万元以下的罚款；构成违反治安管理行为的，由公安机关依法给予处罚：

（一）未按规定采取预防措施，导致发生严重突发事件的；

（二）未及时消除已发现的可能引发突发事件的隐患，导致发生严重突发事件的；

（三）未做好应急设备、设施日常维护、检测工作，导致发生严重突发事件或者突发事件危害扩大的；

（四）突发事件发生后，不及时组织开展应急救援工作，造成严重后果的。

前款规定的行为，其他法律、行政法规规定由人民政府有关部门依法决定处罚的，从其规定。

第六十五条 违反本法规定，编造并传播有关突发事件事态发展或者应急处置工作的虚假信息，或者明知是有关突发事件事态发展或者应急处置工作的虚假信息而进行传播的，责令改正，给予警告；造成严重后果的，依法暂停其业务活动或者吊销其执业许可证；负有直接责任的人员是国家工作人员的，还应当对其依法给予处分；构成违反治安管理行为的，由公安机关依法给予处罚。

第六十六条 单位或者个人违反本法规定，不服从所在地人民政府及其有关部门发布的决定、命令或者不配合其依法采取的措施，构成违反治安管理行为的，由公安机关依法给予处罚。

第六十七条 单位或者个人违反本法规定，导致突发事件发生或者危害扩大，给他人人身、财产造成损害的，应当依法承担民事责任。

第六十八条 违反本法规定，构成犯罪的，依法追究刑事责任。

第七章　附　则

第六十九条　发生特别重大突发事件,对人民生命财产安全、国家安全、公共安全、环境安全或者社会秩序构成重大威胁,采取本法和其他有关法律、法规、规章规定的应急处置措施不能消除或者有效控制、减轻其严重社会危害,需要进入紧急状态的,由全国人民代表大会常务委员会或者国务院依照宪法和其他有关法律规定的权限和程序决定。

紧急状态期间采取的非常措施,依照有关法律规定执行或者由全国人民代表大会常务委员会另行规定。

第七十条　本法自 2007 年 11 月 1 日起施行。

住房城乡建设部等部门关于进一步加强城市生活垃圾焚烧处理工作的意见

建城 [2016] 227 号

各省、自治区住房城乡建设厅、发展改革委（经信委）、国土资源厅、环境保护厅，直辖市城市管理委（市容园林委、绿化市容局、市政委）、发展改革委、规划国土委（规划局、国土房管局）、环境保护局：

为切实加强城市生活垃圾焚烧处理设施的规划建设管理工作，提高生活垃圾处理水平，改善城市人居环境，现提出以下意见：

一、深刻认识城市生活垃圾焚烧处理工作的重要意义

近年来，我国城市生活垃圾处理设施建设明显加快，处理能力和水平不断提高，城市环境卫生有了较大改善。但随着城镇化快速发展，设施处理能力总体不足，普遍存在超负荷运行现象，仍有部分生活垃圾未得到有效处理。生活垃圾焚烧处理技术具有占地较省、减量效果明显、余热可以利用等特点，在发达国家和地区得到广泛应用，在我国也有近 30 年应用历史。目前，垃圾焚烧处理技术装备日趋成熟，产业链条、骨干企业和建设运行管理模式逐步形成，已成为城市生活垃圾处理的重

要方式。各地要充分认识垃圾焚烧处理工作的紧迫性、重要性和复杂性，提前谋划，科学评估，规划先行，加快建设，尽快补上城市生活垃圾处理短板。

二、明确"十三五"工作目标

贯彻落实创新、协调、绿色、开放、共享的发展理念，按照中央城市工作会议和《中共中央国务院关于进一步加强城市规划建设管理工作的若干意见》要求，将垃圾焚烧处理设施建设作为维护公共安全、推进生态文明建设、提高政府治理能力和加强城市规划建设管理工作的重点。到2017年底，建立符合我国国情的生活垃圾清洁焚烧标准和评价体系。到2020年底，全国设市城市垃圾焚烧处理能力占总处理能力50%以上，全部达到清洁焚烧标准。

三、提前谋划，加强焚烧设施选址管理

（一）加强规划引导。牢固树立规划先行理念，遵循城乡发展客观规律，综合考虑经济发展、城乡建设、土地利用以及生态环境影响和公众诉求，科学编制生活垃圾处理设施规划，统筹安排生活垃圾处理设施的布局和用地，并纳入城市总体规划和近期建设规划，做好与土地利用总体规划、生态环境保护规划的衔接，公开相关信息。项目用地纳入城市黄线保护范围，规划用途有明显标示。强化规划刚性，维护政府公信力，严禁擅自占用或者随意改变用途，严格控制设施周边的开发建设活动。根据焚烧厂服务区域现状和预测的垃圾产生量，适度超前确定设施处理规模，推进区域性垃圾焚烧飞灰配套处置工程建设。选择以垃圾焚烧发电作为主要处理方案的地区，要提出垃圾处理的其他备用方案。

（二）统筹解决选址问题。焚烧设施选址应符合相关政策和标准的要求，并重点考虑对周边居民影响、配套设施情况、垃圾运输条件及灰渣处理的便利性等因素。优先安排垃圾焚烧处理设施用地计划指标，地方国土资源管理部门可根据当地实际单列，并合理安排必要的配套项目建设用地，确保项目落地。加强区域统筹，实现焚烧设施共享。鼓励利用现有垃圾处理设施用地改建或扩建焚烧设施。

（三）扩大设施控制范围。可将焚烧设施控制区域分为核心区、防护区和缓冲区。核心区的建设内容为焚烧项目的主体工程、配套工程、生产管理与生活服务设施，占地面积按照《生活垃圾焚烧处理工程项目建设标准》要求核定。防护区为园林绿化等建设内容，占地面积按核心区周边不小于300米考虑。

四、建设高标准清洁焚烧项目

（一）选择先进适用技术。遵循安全、可靠、经济、环保原则，以垃圾焚烧锅炉、垃圾抓斗起重机、汽轮发电机组、自动控制系统、主变压器为主设备，综合评价焚烧技术装备对自然条件和垃圾特性的适应性、长期运行可靠性、能源利用效率和资源消耗水平、污染物排放水平。应根据环境容量，充分考虑基本工艺达标性、设备可靠性以及运行管理经验等因素，优化污染治理技术的选择，污染物排放应满足国家、地方相关标准及环评批复要求。

（二）推进产业园区建设。积极开展静脉产业园区、循环经济产业园区、静脉特色小镇等建设，统筹生活垃圾、建筑垃圾、餐厨垃圾等不同类型垃圾处理，形成一体化项目群，降低选址难度和建设投入。优化配置焚烧、填埋、生物处理等不同种类处理工艺，整合渗滤液等污染物处理环节，实现各种垃圾在园区内有效治理，提高能源综合利用效率。

（三）严控工程建设质量。生活垃圾焚烧项目建设应满足《生活垃圾焚烧处理工程技术规范》等相关标准规范以及地方标准的要求，落实建设单位主体责任，完善各项管理制度、技术措施及工作程序。项目建设各方要正确处理质量与进度、成本之间的关系，合理控制项目成本和建设周期，实现专业化管理，文明施工。严禁通过降低工程和采购设备质量、缩短工期、以次充好、偷工减料等恶意降低建设成本。

（四）合理确定补贴费用。分析项目投资与运行费用，应明确处理规模、建设期、建设水平、工艺设备配置、垃圾热值、分期建设、运营期限、余热利用方式等边界条件，充分考虑烟气、渗滤液和灰渣的处理要求。垃圾处理补贴评价内容包括工程分析、垃圾处理补贴费用分析、其他成本节约与合法收益分析三部分。工程分析要根据工程技术要求，对主设备质量成本、建设水平、运行数据等进行客观评价。垃圾处理补贴费用分析按《建设项目经济评价方法与参数》进行，其中基准收益率可参照行业平均水平分析计取，以进厂垃圾量计算，吨垃圾售电超过280千瓦时的部分按当地标杆电价计算。其他成本节约与合法收益分析应考虑建设期和成本变化等因素影响。

（五）加强飞灰污染防治。在生活垃圾设施规划建设运行过程中，应当充分考虑飞灰处置出路。鼓励跨区域合作，统筹生活垃圾焚烧与飞灰处置设施建设，并开展飞灰资源化利用技术的研发与应用。严格按照危险废物管理制度要求，加强对飞灰产生、利用和处置的执法监管。

五、深入细致做好相关工作

（一）深入调研摸清底数。在垃圾焚烧项目前期，要在项目属地入社区、入村广泛开展调研，与村社干部、群众代表等深入交流座谈，认真倾听群众意见，系统分析各方诉求。对疑虑和误解，应耐心做好沟通解释工作，要充分考虑其合理诉求，积极研究解决措施；对采取不当方式表达不合理要求的，应依法依规坚决予以制止。

（二）周密组织发挥合力。在项目建设过程中，各部门要加强协同配合。项目主管部门做好统筹安排，城市规划、发展改革、国土资源、环境保护等部门各负其责，与项目属地政府统一思想，切实形成合力，市场主体做好相关配合保障。根据建设任务和时间要求，将基本建设程序和开展群众工作紧密结合。要抓好工作细节，注重方式方法的针对性，注重群众工作实效。对推进生活垃圾处理工作不力，影响社会发展和稳定的，要追究有关责任。

（三）广泛发动赢得支持。要围绕群众关注的问题深入开展解疑释惑工作，将考察焚烧厂的所见所闻、焚烧技术装备、污染控制等内容制作成视频宣传片和画册，连续播放、广泛宣传，打消顾虑，争取群众对项目建设的信任和理解。充分发挥学校作用，组织师生学习有关垃圾焚烧处理知识、焚烧厂项目建设有关做法等，建立广泛牢固的群众基础。

六、集中整治，提高设施运行水平

（一）集中开展整治工作。结合生活垃圾处理设施的考核评价工作，对现有垃圾焚烧厂的技术工艺、设施设备、运行管理等集中开展专项整治。焚烧炉必须设置烟气净化系统并安装烟气在线监测装置。对未按照《生活垃圾焚烧污染控制标准》要求开展在线监测和焚烧炉运行工况在线监测的焚烧厂，应及时整改到位，并通过企业网站、在厂区周边显著位置设置显示屏等方式对外公开在线监测数据，接受公众监督。对于不能连续稳定达标排放的设施，要及时停产整顿，认真分析存在的问题和原因，采取针对性措施予以解决。对于生产使用中的问题，要按照《生活垃圾焚烧厂运行维护与安全技术规程》要求，严格控制燃烧室内焚烧烟气的温度、停留时间与气流扰动工况，设置活性炭粉等吸附剂喷入装置，有效去除烟气中的污染物。对于设备老化和工艺落后问题，要尽快组织实施改造，保证设施达标排放。对整治后仍不能达标排放的设施，依法进行关停处理。对故意编造、篡改排放数据的违法企业，依法加大处罚力度。

（二）实施精细化运行管理。加强对垃圾焚烧过程中烟气污染物、恶臭、飞灰、渗滤液的产生和排放情况监管，控制二次污染。落实运行管理责任制度和应急管理预案，明确突发状况上报和处理程序，有效应对各种突发事件。建立清洁焚烧评价指标体系，加强设备寿命期管理，推行完好率、合格率与投入率等指标管理，推进节能减排与能源效率管理，达到适宜的水利用率、厂用电率、物料消耗量和能源效率，有效实现碳减排。

（三）构建"邻利型"服务设施。在落实环境防护距离基础上，面向周边居民设立共享区域，因地制宜配套绿化、体育和休闲设施，实施优惠供水、供热、供电服务，安排群众就近就业，将短期补偿转化为长期可持续行为，努力让垃圾焚烧设施与居民、社区形成利益共同体。变"邻避效应"为"邻利效益"，实现共享发展。

七、创新方式,全面加强监管

(一)严格招投标管理。加强市场准入管理,严格设定投资建设运行处理企业的技术、人员、业绩等条件。培育公平竞争的市场环境,鼓励推广政府和社会资本合作(PPP)模式。完善市场退出机制,加快信用体系建设,建立失信惩戒和黑名单制度,鼓励和引导专业化规模化企业规范建设和诚信运行。对于中标价格明显低于预期的企业要给予重点关注,加大监管频次。对于中标企业恶意违约或不能履约的情况,依照特许经营合同或相关法律法规,给予严厉的经济惩罚或行政处罚,必要时终止特许经营合同。

(二)加强监管能力建设。建立全过程、多层级风险防范体系,杜绝违法排放和造假行为。焚烧厂运行主体要向社会定期公布运行基本情况,公示污染物排放数据,接受公众监督。通过驻场监管、公众监督、经济杠杆等手段进行监管,采用信息化、互联网+、开发APP等方式实现全过程监管。加强全国城镇生活垃圾处理管理信息系统上报工作,所有规划、在建和运行的焚烧项目情况必须将相关信息录入系统并及时更新。强化设施运行监管,按照《生活垃圾焚烧厂运行监管标准》和《生活垃圾焚烧厂评价标准》要求,完善生活垃圾处理设施考核评价工作。

(三)推进实现共同治理。在设施规划建设管理过程中,要落实各有关部门、社会单位和公众以及相关机构的责任,共同开展相关工作。社会单位和公众是产生垃圾的责任主体,要树立节约观念,减少垃圾产生,依法依规参与焚烧厂规划建设运行监督。要积极开展第三方专业机构监管,提高监管的科学水平。依托AAA级垃圾焚烧厂等标杆设施,在保证正常安全运行基础上，完善公众参观通道，开展宣传教育基地建设，向社会公众开放，定期组织中小学生参观学习，形成有效的交流、宣传和咨询平台。充分发挥新闻媒体作用，引导全社会客观认识生活垃圾处理问题，凝聚共识，营造良好舆论氛围。

中华人民共和国住房和城乡建设部
中华人民共和国国家发展和改革委员会
中华人民共和国国土资源部
中华人民共和国环境保护部
2016 年 10 月 22 日

广东省人民代表大会常务委员会关于居民生活垃圾集中处理设施选址工作的决定

广东省第十二届人民代表大会常务委员会公告（第69号）

为推进本省居民生活垃圾集中处理设施选址工作，推动居民生活垃圾集中处理设施建设，提高居民生活垃圾集中处理能力，改善城乡人居环境，提升生态文明建设水平，根据有关法律法规，结合本省实际，作出如下决定：

一、居民生活垃圾集中处理设施是社会公共服务和环境保护的重要基础设施，是满足社会公共利益需要的公益性项目。居民生活垃圾集中处理是关系民生的基础性公益事业，是政府必须而且应当及时提供的公共服务。推进居民生活垃圾集中处理设施选址等相关工作是全社会的共同责任，应当全民参与。

居民生活垃圾集中处理设施的选址等相关工作应当坚持科学选址、集中建设、长期补偿、各方受益的原则。

本决定所称居民生活垃圾集中处理设施是指采用焚烧、卫生填埋、综合处理等工艺技术，以减量化、资源化和无害化为目标，将居民生活垃圾集中进行处理的规模化终端设施。

二、省人民政府应当加强对本省居民生活垃圾集中处理设施选址工作的统筹、指导和监督。

地级以上市、县级人民政府是居民生活垃圾集中处理设选址工作的责任主体，应当建立选址工作责任制，健全综合联动机制，统筹、协调、监督本行政区域内居民生活垃圾集中处理设施选址工作。乡镇人民政府、街道办事处应当在职责范围内做好相关工作。

村民委员会、居民委员会应当协助做好居民生活垃圾集中处理设施选址工作。

三、居民生活垃圾集中处理设施选址应当坚持规划先行、区域统筹、联建共享、环境保护，加强规划引导，做好与土地利用总体规划、城乡规划、环境保护规划的衔接。

四、县级以上人民政府批准的本行政区域城乡生活垃圾处理专项规划应当确定居民生活垃圾集中处理设施的布局、处理规模和处理方式。城乡生活垃圾处理专项规划应当依法进行环境影响评价。

地级以上市、县级人民政府城乡规划部门应当将城乡生活垃圾处理设施专项规划中确定的居民生活垃圾集中处理设施用地，纳入控制性详细规划和城市黄线保护范围，并依法向社会公布。严禁擅自占用设施用地或者随意改变用途。

五、居民生活垃圾集中处理设施服务多个区域的，选址时可以由所服务的区域分别确定一个备选选址方案，然后进行备选选址方案比选。

确定备选选址方案和备选选址方案比选应当科学、公开、公平、公正，通过论证会、听证会、公开征求意见等多种方式，充分听取周边居民、专家以及社会有关方面的意见。

六、鼓励利用既有生活垃圾处理设施用地建设垃圾焚烧处理设施。

鼓励采取产业园区选址建设模式，统筹生活垃圾、建筑垃圾、餐厨垃圾等不同类型垃圾处理，优化配置焚烧、填埋、生物处理等不同种类处理工艺，形成一体化项目群，避免垃圾处理设施重复选址和分散选址。

七、地级以上市、县级人民政府应当建立健全居民生活垃圾集中处理设施异地长期生态补偿的长效机制，科学合理设置补偿方式、补偿标准和补偿期限，使补偿成为长期可持续行为。

居民生活垃圾集中处理设施服务多个区域的，以居民生活垃圾集中处理设施所在村（居）为接受补偿区域，以居民生活垃圾输出区域为提供补偿区域。

生态补偿费主要用于生活垃圾集中处理设施周边环境改善、公共服务设施和基础设施建设和维护、集体经济发展扶持、村（居）民回馈等。

居民生活垃圾集中处理设施所在地人民政府和设施运营单位应当加强对周边村（居）的扶持和回馈，因地制宜设立共享区域，配套绿化、体育和休闲设施，实施优惠供水、供电、供热等服务，安排村（居）民就近就业，实现共享发展。

八、居民生活垃圾集中处理设施应当依照相关建设、技术和环保标准设计、建设和运营，配备完善的污染控制及监控设备。

居民生活垃圾集中处理设施所在地人民政府和设施建设、运营单位应当健全生活垃圾处理设施建设、运营和排放监管制度，确保达到无害化处理的要求，并按规定向社会公开相关信息。

后 记

本书围绕我国推进环境邻避冲突治理法治路径进行了一定探索，尽管几年的努力终于有了一些所谓的"成果"，但事实上对于这一议题仍有诸多值得深入研究的内容。例如，在垃圾分类基础上的垃圾焚烧项目建设、核电项目建设、高铁项目建设等专门领域，如何结合各自行业的特点，开展更精细化、类型化的邻避冲突法律治理研究，仍是值得我们进一步思考和实践的问题。另外，经历了2019年和2020年疫情考验的中国，在社会危机处理模式上展现出了很多值得称道的地方，这也值得结合本议题进行更深邃的思考和分析。

这些年来，众多师友对我的法学写作和学术成长提供了良多有益的建议、反馈和指摘。我要在此特别感谢本人所在的单位——山东政法学院，为我的科研活动提供了良好的研究环境。同时，经济贸易法学院的领导和同事们时常汇聚一起开展的学术讨论，也助推和滋养了我对环境法相关领域开展实证化研究的兴趣。同时，还要感谢课题组的孙士凯、刘江涛、王振宁、王崇旭、徐瑶、牛盼盼、逯达、安俊衡等研究生同学，你们为本课题成果的最终完成作出了重要贡献。

当然，还要感谢我的家人！在我最艰难的时候给了我莫大的支持和鼓励，在本书通稿修改过程中，我的丈夫于家富博士

后　记

不厌其烦地悉心帮助我审阅、指出字句缺陷。希望我俩在未来的学术道路上协力共进取得更大的成绩，也希望女儿缘缘能更茁壮地成长。

在本书即将付梓之际，也要特别感谢丁春晖编辑以及中国政法大学出版社诸位编辑的鼎力协助，否则本书的出版更是遥遥无期了。

王　惠

2020 年 5 月 20 日于泉城

声　明	1.	版权所有，侵权必究。
	2.	如有缺页、倒装问题，由出版社负责退换。

图书在版编目（CIP）数据

中国环境邻避运动的法律规制研究/王惠著.—北京：中国政法大学出版社，2020.8
ISBN 978-7-5620-6610-1

Ⅰ.①中… Ⅱ.①王… Ⅲ.①环境保护法－研究－中国 Ⅳ.①D922.680.4

中国版本图书馆 CIP 数据核字(2020)第 131001 号

出 版 者	中国政法大学出版社
地　　址	北京市海淀区西土城路 25 号
邮寄地址	北京 100088 信箱 8034 分箱　邮编 100088
网　　址	http://www.cuplpress.com（网络实名：中国政法大学出版社）
电　　话	010-58908586（编辑部）58908334（邮购部）
编辑邮箱	zhengfadch@126.com
承　　印	北京中科印刷有限公司
开　　本	880mm×1230mm　1/32
印　　张	8
字　　数	210 千字
版　　次	2020 年 8 月第 1 版
印　　次	2020 年 8 月第 1 次印刷
定　　价	49.00 元